Sophie Lange

Alt-Eifeler Küche

Tägliches Brot - Sonntagskuchen - Brauchtumsgebäck

Band II: Backen

Helios

Illustrationen: Annette Müllender, Eupen
Handschrift: Marga Esch, Bitburg

Impressum

Helios Verlags- und Buchvertriebsgesellschaft
Postfach 39 01 12, 52039 Aachen
Tel.: (02 41) 55 54 26; Fax: (02 41) 55 84 93
Bitte fordern Sie beim Verlag aktuelle Informationen
zu lieferbaren Titeln an.

Printed in Belgium

ISBN 3-925087-60-5

Inhaltsverzeichnis

Vorwort

Das Backbuch 'Alt-Eifler Küche' ist wie der erste Band 'Kochen' ein Buch, das vielen Funktionen gerecht wird. Es enthält 150 Rezepte, die zum Ausprobieren einladen. Außerdem ist das Backbuch ein volkskundliches Geschichtsbuch, denn jedes Rezept ist gewürzt mit Ergänzungen, die über die Eifel und besonders über das emsige Schaffen der Frauen einst und jetzt informieren. Einige Themen wurden besonders bearbeitet: Die Geschichte des Brots, das Gemeinschaftbackhaus, 'Kaffeeklatsch' und frühere Kindtaufsfeiern sowie die Aussteuer. Ausführlich sind Brauchtum und Brauchtumsgebäck im Jahreslauf beschrieben. Zwei Kurzgeschichten bieten erholsamen Lesespaß.

Die Rezepte behandeln Backwaren, die in der Eifel bekannt und üblich waren und sind. Es sind also nicht reine Spezialitäten, sondern oftmals allgemein bekannte Kuchen oder Plätzchen, die jedoch mit einem speziellen Eifler Sahnehäubchen gekrönt wurden. Manche Leckereien gehören der Alt-Eifler Küche an, andere sind eher in der Neu-Eifler Küche anzusiedeln. Hinter allen steckt Frauenarbeit, Frauengeschichte und Frauenfantasie.

Allen LeserInnen wünsche ich viel Spaß beim Schmökern, beim Lesen und beim Ausprobieren der Rezepte!

Nettersheim, im September 1995

Sophie Lange

Siebenfacher Segen komme über dein Haus
und über alles, was dir lieb ist:

Segen der Erde mit dir!
Segen des Meeres mit dir!
Segen des Windes mit dir!
Segen der Bäume mit dir!
Segen des Wassers mit dir!
Segen der Felsen mit dir!
Segen der Sterne mit dir!

(keltischer Segensspruch)

Brot: Die tägliche Segenskraft

"Hätte der Mensch kein Weib gehabt: der Ackerbau wäre nie erfunden!" Das schrieb Heinrich Eduard Jacob 1954 in seinem berühmt gewordenen Buch '6000 Jahre Brot'.

Als Jäger und Sammler lebten die Menschen der Urzeit vom erlegten Wild. Beim Zubereiten des Fleischs nahmen die Frauen Samen von Pflanzen, um die Speisen zu würzen und den scharfen Geschmack zu mildern. Für den Winter sammelten sie einen Vorrat von Grassamen, den sie in einer trokkenen Ecke ihres Winterquartiers aufbewahrten. Irgendwann während der Jungsteinzeit (4.500 bis 1.800 v. Chr.) wurde ein solcher Aufbewahrungsplatz feucht. Die Samen keimten. Der Mensch kostete diese eigenartigen Körner: "Sie schmeckten schlecht, er fluchte darüber, und dann warf er sie endgültig weg, indem er bitter sein Los beklagte, auf dieser heillosen Erde zu leben. Unbeschreiblich war sein Erstaunen, als acht Monate darauf die Körner wieder zum Vorschein kamen."

Nun beobachteten die Frauen sehr aufmerksam das Wachsen und Vergehen der Pflanzen, testeten deren Geschmack sowie deren Verträglichkeit und Wirkung. So lernten sie die 'Gräser' unterscheiden. "Und die Frau wurde mächtiger als der Mann, weil sie die Arten der Kräuter kannte", heißt es bei H. E. Jacob. Der Frau wurde klar, daß die Erde ähnlich trug wie ihr eigener Schoß. Sie buddelte Löcher in die Erde, und in die Löcher setzte sie den Samen ein. Sie züchtete wildes 'Gras' und machte es zu einer Kulturpflanze. Aus dem, was die Erde 'trägt', wurde schließlich das Getreide; zunächst Gerste und die Früharten des Weizens: Emmer und Einkorn. In der Bronzezeit (1.800 bis 800 v. Chr.) kamen Dinkel (Spelz) und Hirse dazu. Erst während der Hallstattzeit

(800 v. Chr.) wurden Roggen und Hafer angepflanzt. Die Römer schließlich kultivierten die einfachen Spelzweizenarten zum heutigen Weizen.

Die Frau der Jungsteinzeit bearbeitete ein Stück Land zum Säen und Ernten. Sie legte damit den Grundstein für den Akkerbau und ermöglichte das Seßhaftwerden der Menschheit. Bis jetzt hatte die Mutter Erde allen Menschen gleichmäßig gedient. Doch nun sahen die Menschen das Stück Land, auf das sie durch die Bearbeitung ein Anrecht zu haben glaubten, als ihr persönliches Eigentum an, das vor Fremden zu schützen war. Immer fanatischer verteidigten in Zukunft die Menschen ihr Land und die Länder ihrer Vorfahren. Die Folge waren Kriege, die bis heute übers Land toben.

Die Frau röstete die Körner auf heißen Steinen oder rieb sie auf Mahlsteinen zu Schrot, aus dem sie mit Wasser einen Brei kochte, den sie mit Kräutern würzte. Auf heißen Steinen wälzte sie diesen Brei, bis er hart wurde und dadurch vor dem Verfaulen geschützt war. Lange blieb es bei diesen Fladen.

Daß das Brot noch nicht erfunden war, lag hauptsächlich an der Sorgfalt der vorgeschichtlichen Frauen. Sie gaben stets Obacht, daß nichts verdarb, denn zu kostbar war jede Nahrung. “Es bringt Unglück, wenn etwas verdirbt”, war man sich sicher.

Es geschah wahrscheinlich in Ägypten, daß Frauen etwas vom alten Teig liegen ließen, so daß dieser ‘schlecht’ wurde. So entdeckten und erlebten sie den faszinierenden Vorgang der Gärung. Daß die Bakterienkulturen die Kohlenhydrate des Mehls in Milchsäure umwandeln, verstanden sie natürlich nicht (das hat man erst im 17. Jahrhundert erkannt), doch sie erfuhren, daß man mit diesem Teig, wenn man ihn in einen neuen Teig 'einpflanzte', ein ganz neues Wesen schuf, eine wohlschmeckende, sättigende, haltbare Speise, das Brot.

In der Asche des Herdes ließ sich das Brot allerdings nicht gut backen. So erfanden die Ägypter einen Backofen, der mit dem schwangeren Leib der Mütter verglichen wurde und als Haus der Göttinnen galt. Der aus Nilschlammziegeln gebaute Ofen wurde durch eine Platte in zwei Teile gegliedert. Der untere Teil bekam ein Feuerloch zum Beheizen, der obere eine größere Öffnung zur Aufnahme der zu backenden Brote und für den Abzug der Heizgase.

Nun konnten die Ägypter regelmäßig ihr Brot backen. Sie ließen dazu einen Brotrest 'schlecht' werden, nahmen den gesäuerten Teig, fügten Mehl hinzu, salzten den Teig, kneteten ihn noch einmal fest durch und schoben ihn in den Ofen. Immer wieder waren die Menschen fasziniert von der mystischen Verbindung der Stoffe, von der magischen Verwandlungskraft des Getreides, von der Entstehung der göttlichen, lebendigen Speise Brot.

Irgendwann kam den Menschen die Idee, ein kleines Stück vom alten Sauerteig zurückzulegen, um es dem neuen Teig einzuverleiben. Der 'sich fortpflanzende Sauerteig' war erfunden und wurde als 'kostbarer Urstoff des Backens' so sorgfältig gehütet wie das Feuer. Dieser 'ewige Sauerteig' durfte niemals ausgehen, wurde allerdings manchmal erneuert.

Über Handelswege und durch die ständigen Völkerwanderungen konnte der Sauerteig von Ägypten aus seinen Siegeszug in die weite Welt antreten. Allerdings wurde er zunächst stark angegriffen. So ist im Alten Testament zu lesen, daß Moses das Fest der ungesäuerten Brote anordnete. Mit Schärfe bestimmte er außerdem: "Jeder, der vom ersten bis zum siebenten Tag Gesäuertes genießt, soll aus Israel ausgerottet werden." Jesus, das Brot des Lebens, vergleicht die ewige

Glückseligkeit mit dem Sauerteig: "Das Himmelreich ist gleich einem Sauerteig, den eine Frau nahm und unter drei Maß Mehl mengte, bis das Ganze durchsäuert war." (Mt. 13,33) In der Thora (fünf Bücher Moses) heißt es über Sara: "...Segen war in ihrem Teig und eine Wolke stand über ihrem Zelt."

In den meisten Ländern der Erde wurde das Brot die Grundnahrung. Die Heiligkeit des Brots blieb den Menschen immer bewußt. "Wo m'r et Bruut ihrt, Gott de Not kiihrt", sagt man in der Eifel. Die Erflehung des Segens für das Brotbacken war eine heilige Aufgabe, die niemals von den backenden Eifelfrauen vergessen wurde. So kann man auch von der Frau der Eifel sagen: Der Segen war in ihrem Teig.

Die Bitte um Gottes Segen für das tägliche Brot begann bereits bei der Aussaat. Um Wachstum betete man bei den Bittprozessionen zu Gott, "der uns die Früchte der Erde geben und erhalten wolle." Ob beim Anrühren des Teigs oder beim Anschneiden des Brots, immer wieder machte die Hausfrau ein Kreuzzeichen und murmelte ein Gebet, um Gottes Segen zu erflehen. Zu bestimmten Heiligenfesten wird bis heute in einigen Kirchen Brot gesegnet. Das Segensbrot nimmt man mit nach Hause, gibt etwas dem Vieh davon und bewahrt den Rest im Hause auf.

Besondere Segenskraft wurde dem am Karfreitag gebackenen Brot zuerkannt. Dieses 'Karfreitagsbrot' soll das ganze Jahr hindurch nicht schimmeln. Am Weihnachtstage legte man Brot auf die Schwelle, wodurch das Haus dann vor allem Unbill geschützt war. Ein 'Glücksbrot' war das erste Brot, das aus dem Mehl der neuen Ernte gebacken wurde.

Nach altem Eifler Volksglauben mußte die Braut in ihrem neuen Heim Brot vorfinden, damit niemals Hunger ins Haus einzog. Der Wöchnerin legte man ein Stückchen Brot unter das Kissen, um eine glückliche Geburt zu erbitten. Über den neuen Erdenbürger brach man Brot, um gutes Gedeihen an Leib und Seele zu sichern. Wenn ein Kind nicht mit dem Sprechen beginnen wollte, brach die Mutter ein Stück Brot und sprach: "Liebes Brot brich! Und liebes Kind sprich!"

Lange Zeit hindurch war es Brauch, dem Verstorbenen ein Stück Brot mit in den Sarg zu legen, sicher ein Überbleibsel der Naturreligionen, bei denen man dem Toten eine Wegzehrung für die Reise in die jenseitige Unterwelt mitgab. Lag jemand im Sterben, so sagte man: "Se han ehm et letzte Bruut gebacke."

Der Eifeler Volksglauben sagt, daß ein Brot niemals auf den Rücken liegen darf, denn dann weint die Jungfrau Maria und die armen Seelen trauern. Bis heute ist diese Regel in manchen Gegenden bekannt, wobei die Eindringlichkeit dieser Mahnung auffällt. Das Brot muß schnellsten gewendet werden, nichts kann wichtiger sein. "Fällt ein Kind ins Feuer oder Wasser und liegt gleichzeitig ein Brot auf dem Rücken, so wende zuerst das Brot, dann eile zu deinem Kind," sagt eine Überlieferung. Hier spielt die Ehrfurcht vor dem Brot eine Rolle, die jedoch nicht die Dringlichkeit und Vorrangigkeit erklärt.

Früher war man sich durchaus noch all der Arbeit bewußt, die nötig war, um das tägliche Brot auf den Tisch zu bringen: Säen, Ernten, Dreschen, die Fahrt zum Müller, die Teigherstellung, das Heizen und schließlich das Backen. "Ein ganzes Netzwerk familiären Einsatzes gegenseitiger Abstimmung und sorgender Mithilfe," schrieb Prof. Johannes Nosbüsch. Die Zubereitung des Teigs und das Beobachten des Backvorgangs war ausschließlich Frauensache, und das nicht nur in der Eifel. Das englische Wort 'lady' kommt aus dem Angelsächsischen und bedeutet 'Brotkneterin'.

Für einige Arbeiten waren Männer zuständig. So mußten diese das Mehl heranschleppen und in den Backtrog schütten. Auch war es üblich, daß Männer den Backofen vorbereiteten und anheizten. In den arbeitsruhigen Monaten sorgten die Männer für die zum Backofen-Heizen notwendigen Reisigbündel, die Schanzen.

Das Brotbacken für den Eigenverbrauch war stets Frauensache; es wurde jedoch zur Männersache, als es zum bezahlten Beruf wurde. "Für Frauen ist die Arbeit in den Backstuben körperlich zu schwer," begründen die Bäcker diese Entwicklung. Obwohl die schwere Arbeit inzwischen von Maschinen ausgeführt wird, sind Bäckerinnen bis heute eher eine Ausnahme.

War die Ernte eingebracht, feierte man das Schnitterfest. Aus der Südwesteifel und dem Prümer Land ist folgendes bekannt: "Früher vollzog sich die Heimfahrt des letzten Fuders oder der letzten Garben in Teilen der Eifel feierlich. Es bildete sich ein Zug, an dessen Spitze der erste Schnitter schritt mit einer hohen Stange, die mit Fruchtähren und Blumen geschmückt war. Oben auf der Stange prangte ein Hahn, ein lebendiger oder aber ein bunt bemalter aus Holz, die Verkörperung des Korngeistes. Die übrigen Schnitter und Schnitterinnen geleiteten den Erntewagen jubelnd und singend nach Hause. Dort wurde einen Tag lang das Schnitterfest gefeiert und zuletzt ein Hahn geschlachtet. Dieser alte Brauch war in der Eifel auch unter dem Namen 'den Hahn fangen' bekannt."

Heute dankt man in den Kirchen am Erntedankfest für die Früchte der Erde und für das tägliche Brot.

Brotbacken heute

Brot selbst zu backen ist für die meisten Frauen heute ein Zeitaufwand, der sich nicht lohnt, denn immerhin gibt es über 300 verschiedene Brotsorten in Deutschland zu kaufen. Wer jedoch einmal mit dem Brotbacken begonnen hat, kommt bald auf den Geschmack und zaubert immer wieder seine eigenen Brotkreationen aus dem Backofen. Maria-Agnes Pinn aus Steffeln, die seit jungen Mädchentagen bis heute Brot backt, hat den Grund fürs Brotbacken so formuliert: "Früher wohl, weil es lebensnotwendig war, heute weil es so gut schmeckt." Ein Brotbackfest hat in einigen Orten begeisterte Anhänger gefunden, so zum Beispiel in Darscheid, Erkensruhr, Steffeln und Dahnen.

Für das Selbstbacken sieht man folgende Vorteile: "Mit dem Selbstbacken von Brot bekommen wir wieder Kontakt zur Welt unserer bäuerlichen Vorfahren. Wir werden bekannt mit dem mild-würzigen Aroma, den das Getreide ausstrahlt. Wir erleben den herrlichen Duft, der einem Backofen entströmt und der das ganze Haus mit einem feierlichen Zauber erfüllt."

Bei der Schwierigkeitsbewertung des Brotbackens scheiden sich die Geister. Die einen finden Brotbacken kompliziert, die anderen einfach. Für unsere Ahninnen muß Brotbacken wirklich kinderleicht gewesen sein, denn nur selten haben sie Rezepte fürs Brotbacken aufgeschrieben. Jede Frau wußte eben, wie Brot gebacken wurde und sah kaum einen Grund, die allgemein bekannten Zutaten wie Mehl, Zucker, Salz, Wasser oder Milch sowie die Triebmittel Hefe oder Sauerteig aufzuschreiben. Die Mengen nahmen die Frauen nach dem Prinzip 'ungefähr' oder 'auf Gefühl'. Als Anfängerin sollte man sich beim Brotbacken allerdings nicht auf sein Gefühl, sondern auf den Meßbecher verlassen. Die wichtigste Zutat beim Brotbacken ist Zeit. Auf die Schnelle gelingt kein Brot.

Beim Brotbacken gilt die Weisheit, die überall im Leben gilt: Übung macht den Meister -oder vielmehr die Meisterin. Anfangen sollte man mit dem Weißbrot und sich dann an Mischbrot, Schwarz- oder Kartoffelbrot heranwagen. Gelernt sein muß allerdings der Umgang mit Hefe. Das Hefeteig-Grundrezept sollte daher genau beachtet werden. Wenn man sich vor Augen hält, daß Hefe ein lebender Organismus von Spaltpilzen ist, der für den Verkauf auf den toten Punkt gebracht worden ist, versteht man, daß Hefe Wärme braucht, um die Hefezellen (40 Billionen auf 500 g Hefe) wieder zum Leben zu bringen. Das erreicht man, indem man die Hefe mit etwas Zucker in lauwarmer Flüssigkeit auflöst. Die Mengenangaben der Hefe differenzieren in den Rezepten der alten Eifeler Kochbücher und in privaten Aufzeichnungen ganz erheblich. Es ist zu empfehlen, die Angaben auf der Verpakkung der gekauften Hefe zu beachten (zu wenig Hefe schadet genauso wie zu viel Hefe). Für den Brotteig gibt es besonders triebstarke Backhefe (Bioläden).

Alles, was mit dem Teig in Berührung kommt, muß warm sein, 'blutwarm' heißt es in einem alten Rezept. Man kann das Mehl im Backofen vorwärmen. Dazu heizt man den Backofen bis auf 40 Grad auf, schaltet ihn aus und setzt die Schüssel mit Mehl hinein. Die 40 Grad-Grenze darf nicht überschritten werden, denn bereits bei 50 Grad sterben die Hefezellen ab. Warm müssen die Hände sein, denn eiskalte Hände ruinieren jeden Hefeteig. Die Zimmertemperatur sollte bei 22 Grad liegen. Zugluft muß vermieden werden.

Natürlich kann man zur Zubereitung von Hefeteig eine Küchenmaschine benutzen. Passionierte Brotbackerinnen schwören allerdings auf Handarbeit wie zu Großmutters Zeiten, also tüchtig und ausgiebig kneten, schlagen und werfen. Brotteig muß mit viel Kraft durchgeknetet werden. Besonders das Mengen des Schwarzbrotteigs ist Schwerarbeit. So ist es verständlich, daß unsere Vorfahren diesen mit den bloßen Füßen durchwalkten. "He geiht wie ene Schwarzbruet-Trearter", sagt eine Eupener Redensart.

Die Empfehlung, beim Teigkneten Aggressionen abzubauen, sollte allerdings gut überdacht werden. Immerhin ist Brot eine heilige Speise und kein Müllplatz für alltägliche Probleme. Einst war es den Frauen ein Herzensanliegen, gute Wünsche in das Brot einzubacken. Verließ jemand aus der Familie die Heimat, so wurde ihm zum Abschied ein Brot gebacken. Oftmals salzten Tränen der Mutter den Teig. Diese Tränen garantierten, daß der Reisende wieder den Weg nach Hause fand.

Weißbrot (Hefe-Grundrezept)

500 g Weizenmehl,
20 g Frischhefe
(oder 7 g Trockenhefe),
etwa 1/8 l Milch,
1 Teel. Zucker,
1 Teel. Salz,
2 Eßl. Öl oder Margarine

Zwei Drittel des vorgewärmten Mehls in eine vorgewärmte Schüssel geben und in der Mitte eine Vertiefung eindrücken. Die Hefe in einer Tasse mit lauwarmer Milch und einem Teelöffel Zucker auflösen und in die Vertiefung geben. Am Rand das Salz und das zerlassene Fett geben (darf nicht mit der Hefe in Berührung kommen). Die aufgelöste Hefe gut ½ cm dick mit etwas Mehl bestreuen und stehen lassen. Zeigt der Vorteig Risse, verrührt man von der Mitte aus die Hefe mit dem Mehl und den Zutaten. Nach und nach gibt man die restliche

Milch hinzu. Nun den Teig mit dem Rührlöffel so lange schlagen, bis er Blasen wirft und sich von der Schüssel löst. Nun kann das restliche Drittel Mehl darunter gemengt werden. Wenn der Teig klebt, noch etwas Mehl hinzugeben; der Teig sollte aber weich bleiben. Man läßt den Teig an einem warmen Ort zugedeckt so lange stehen, bis er doppelt so hoch ist. Dann wieder gut durchkneten, einen Laib formen und nochmals gehen lassen. Im vorgewärmten Backofen bei 200 Grad etwa 45 bis 60 Minuten backen lassen.

Als Kirmesweck wurde Weißbrot in großen Mengen zum alljährlichen Dorffest gebacken. Dann fügte man auf 1 kg Mehl noch 1 Ei und 2 Eßlöffel saure Sahne hinzu. Zu der Zeit, da vorwiegend Brot aus Gerste und Hafer gebacken wurde, galt das Roggenbrot als 'feines' Brot. Später sah man das Weißbrot als das feine Brot der Reichen an. Werktags war das feinere Weißbrot einst in der Südeifel viel gebräuchlicher als in der Nordeifel, wo man eher dunkles, grobes Brot aß. In einem neuen Gesundheitsbewußtsein ißt man heute mehr dunkles als weißes Brot.

*Fleiß bringt Brot,
Faulheit Not.*

Mischbrot

500 g Weizenmehl,
500 g Roggenmehl,
40 g Hefe,
1 Teel. Zucker,
2 Teel. Salz,
½ l Wasser

Weizen- und Roggenmehl sorgfältig mischen. 2/3 des Mehls in eine Schüssel geben; in der Mitte eine Vertiefung eindrücken. Die mit Zucker und etwas lauwarmem Wasser angerührte Hefe in die Mulde geben, mit Mehl überstäuben und gehen lassen. Das Salz auf den Mehlrand streuen. Wenn der Vorteig aufreißt, Mehl und Salz unterrühren und den Teig schlagen. Nochmals an einem warmen Platz gehen lassen. Dann das restliche Mehl und das Wasser hinzugeben, tüchtig durchkneten, einen Brotlaib formen und diesen nochmals gehen lassen. Bei 200 bis 220 Grad im vorgeheizten Backofen etwa 40 bis 50 Minuten backen.

Die Mehlmischung kann geändert werden, um nach Belieben ein helleres oder dunkleres Mischbrot zu erhalten. Erhöht man den Anteil des Roggenmehls, muß auch der Anteil der Hefe erhöht werden, da dunkles Mehl mehr Triebmittel braucht. Wer es mag, kann das Mischbrot mit Koriander und Kümmel (je 1 Teel.) würzen.

In der Eifeler Volkskunde schrieb Adam Wrede 1924 zum Mischbrot: "Seit Jahren backt man in der Südwesteifel, in Teilen des Kreises Prüm und Bitburg, Brot aus Meschel, Möschel, Mischgetreide aus Roggen und Weizen, Hafer und Gerste und erhält aus diesem Gemisch ein ziemlich weißes

Brot." In der Nordeifel nannte man ein Mischbrot aus gebeuteltem Roggen und Weizen 'Jemangsbruut'.

In dem Kochbuch 'Spezialitäten aus deutschen Regionen' von 1990 ist das typische Eifelbrot folgendermaßen beschrieben: "Ein meist rundes Weizen- und Roggen-Mischbrot, im Lava-Steinofen gebacken. Eifeler Brot ist immer leicht mit Mehl bestäubt... Dem köstlichen Steinofenbrot konnte selbst Konrad Adenauer nicht widerstehen, der lange Zeit fast jährlich 'Besinnungsurlaub' im Kloster Maria Laach machte."

Dinkelbrot

250 g Dinkelmehl,
250 g Dinkelfeinschrot,
1 Päckchen (7 g) Trockenhefe,
2 Teel. Salz,
1 Prise Zucker (oder Honig),
1 Eßl. Sesam,
½ l Flüssigkeit (Milch, Buttermilch oder Wasser)

Mehl, Schrot, Trockenhefe, Salz, Zukker und Sesam gut mischen und mit der lauwarmen Flüssigkeit zu einem Teig verkneten. Den Teig gehen lassen. Anschließend noch einmal kneten und etwas Mehl beifügen. Der zähflüssige Teig wird in eine eingefettete, mit Sesam ausgestreute Römertopfform gefüllt und muß wieder gehen. Den Laib mit Wasser bepinseln, mit Sesam bestreuen und in den vorgeheizten Backofen schieben. 60 Minuten bei 200 Grad backen.

In dieser Form ist das Rezept in Prüm festgehalten. Das 'Original Hunsrücker Dinkelbrot' fügt neben Sesam noch 2 Eßlöffel Leinsamen, Sonnenblumenkerne, Hafer- und Vollkornflocken sowie etwas Kümmel hinzu.

Wenn die Eifler ihr Brot im dorfeigenen 'Backes' backten, wurde für zwei bis drei Wochen Vorrat geschaffen. Dann konnten die Brote sieben bis 15 Pfund Gewicht haben und glichen 'Karrenrädern'. Daß diese 'Dinger' hart wie Stein wurden, sagt folgende (Männer-)Meinung: "Nach spätestens einer Woche wurden die Dinger hart, und am Ende der Drei-Wochen-Frist mußten die Männer des Hauses noch früher aufstehen als sonst schon, um sich an das Schneiden der Brote zu machen. Die Damen des Hauses schafften das nicht mehr."

Ältere Eifelfrauen, die noch regelmäßig ihr Brot auf Vorrat backten, bestreiten diese Meinung. Wenn das Brot richtig zubereitet war, wurde es nicht hart. Aufbewahrt wurde das Brot an einem kühlen Ort, oftmals im hölzernen Backtrog. Auch kannte man einen speziellen Brotschrank. War Brot doch einmal hart geworden, so umwickelten die Hausfrauen es mit einem feuchten Küchenhandtuch und schoben es für 15 bis 20 Minuten in den heißen Backofen. Das Brot wurde wieder frisch und weich. Die Männer mußten also nicht früher aufstehen, sondern konnten sich wie gewohnt an den gedeckten Frühstückstisch setzen.

Fehlt das Brot im Haus,
zieht der Friede aus.

Sauerteigbrot

500 g Weizenmehl (oder Weizen/Roggenmehl-Mischung),
75 g Sauerteig,
20 g Hefe,
1 Eßl. Salz,
etwa 3/4 l Wasser

Das Mehl mit dem Sauerteig und etwa ½ l lauwarmem Wasser über Nacht ansetzen. Mit einem Leinentuch abdecken. Am nächsten Tag die aufgelöste Hefe, das Salz und das restliche Wasser hinzugeben. Gut durchmengen, warm stellen und den Teig gehen lassen, bis er sich sichtbar vergrößert hat. Dann wieder durchkneten, einen Brotlaib formen und diesen nochmals gehen lassen. Den Backofen auf 200 Grad vorheizen und das Brot gut 1 Stunde backen.

Heute kann man Sauerteig kaufen (Supermärkte, Bioläden). Früher gewann man ihn in der Eifel -wie im alten Ägypten-, indem man eine kleine Menge Brotteig zurückbehielt und diesen in einem irdenen Gefäß kühl und luftig aufbewahrte. Am Abend vor dem Backtag setzte die Hausfrau den Sauerteig mit Mehl und Wasser an. Vor dem Schlafengehen machte sie bei einem kurzen Gebet das Zeichen des Kreuzes in den Sauerteig, "damit alles Ungemach und die Gewalt des Bösen von ihrem neuen Brot fernbleibe."

In manchen Eifeldörfern war es üblich, daß der 'ewige Sauerteig' von Haus zu Haus ging. Andere Familien hatten ihren eigenen Sauerteig. Dazu heißt es: "In jedem Haus war unter der Tischplatte ein Backtrog zu finden, Molle oder Mulde genannt, darin wurde vom letzten Backtag ein Rest vom Sauerteig aufbewahrt. Den streckte die Hausmutter schon am Abend vorher mit Mehl, damit er am anderen Morgen, gut durchsäuert, für das Ansetzen des Teiges gebraucht werden konnte." Im Eifeler Dialekt wird der Sauerteig u.a. "Schrimmele", 'Daamp' und 'Deißem' genannt.

Schwarzbrot

500 g Roggenmehl,
75 g Sauerteig,
½ l warmes Wasser,
500 g Roggenschrot,
200 g gemischte Körner
(Leinsamen, Sesam,
Sonnenblumenkerne),
1 Eßl. Salz,
1 Eßl. Melasse
(oder Honig),
1/4 bis ½ l Wasser

Das Roggenmehl mit dem Sauerteig und dem warmen Wasser vermengen und über Nacht bei guter Zimmertemperatur stehen lassen. Am nächsten Morgen einen gehäuften Eßlöffel Sauerteig abnehmen und für einen späteren Backtag kühl aufbewahren. Roggenschrot, Körner, Salz und Melasse hinzugeben und soviel Wasser, daß ein geschmeidiger Teig entsteht. Alles gut und lange (mindestens 20 bis 30 Minuten mit der Hand) durchkneten. Diesen Teig zugedeckt 2 Stunden gehen lassen. Den Teig nochmals durchkneten und in eine gefettete Kastenform füllen, wobei diese nur halbvoll sein darf. Wiederum abdecken und an einem warmen Ort gehen lassen, bis das Teigvolumen verdoppelt ist. Den Brotlaib mit einem scharfen Messer einritzen und mit Wasser bepinseln. Bei 250 Grad im vorgeheizten Backofen 40 Minuten backen. Dann die Temperatur auf 170 Grad hinunter stellen und das Brot weitere 40 bis 60 Minuten backen. Um eine besonders knusprige Kruste zu erhalten, stellt man eine Schale mit heißem Wasser in den Backofen und läßt diese auch während des Backvorgangs im Ofen.

Die alte Grenze zwischen Nord- und Südeifel (Wasserscheide) war nicht nur eine alte Stammes-, Bistums- und Sprachgrenze, sondern auch eine Brotgrenze, die sogenannte Schwarzbrotgrenze. Nördlich davon haben die Menschen neben einem Graubrot ein Brot aus ungebeuteltem (geschrotetem), kleiehaltigem Roggenschrot gebacken, südlich siebten (beutelten) die Menschen Roggen für ihr Brot. Die Nordeifler bevorzugten die längliche Brotform. Die Südeifler backten rundes Brot: "Zu diesem Zweck legt man den Brotteig in die Kurwel, einen aus Rohr oder Weiden geflochtenen Korb, der einen kreisrunden Boden hat und dessen Rand sich nach oben erweitert. Durch diesen Korb erhält das Brot seine Form."

Quer durch die Eifel sollen einst noch andere Brotgrenzen gegangen sein, die sich inzwischen aber immer mehr vermischen oder ganz wegfallen. Überall in der Eifel gibt es ein reichhaltiges Brotangebot.

Bauernbrot

300 g Roggenmehl,
einige Tropfen Zitrone,
400 g Sauerteig,
1000 g Mehlmischung (für ein helles Bauernbrot: 1/3 Roggen- und 2/3 Weizenmehl, für ein dunkles Bauernbrot halb und halb),
2 Päckchen Hefe,
1 l Wasser,
2 Eßl. Salz,
1 Teel. Kümmel,
1 Teel. Koriander

300 g Roggenmehl mit lauwarmem Wasser und einigen Tropfen Zitrone dünn anrühren. 400 g alten Sauerteig hinzufügen und 24 bis 48 Stunden warm stellen. Dann 300 g Mehlmischung und die Hefe dazu geben; mit einem Liter Wasser zu einem dünnen Teig anrühren (Schneebesen). Mit einem Tuch abdecken und einige Stunden säuern lassen. Nun 2 Eßl. Salz, Kümmel und Koriander unterrühren. Mit dem Teigschaber ca. 400 g der Mehlmischung bei Drehen der Schüssel unterheben und den Teig eine Stunde ge-

hen lassen. Dann auf dem Tisch gut kneten. Von diesem Teig für einen neuen Sauerteig ca. 400 g wegnehmen, in einen Steintopf geben, mit etwas grobem Salz bestreuen und andrücken. Im Kühlschrank ist der Sauerteig 10 bis 14 Tage haltbar. Für das zu backende Brot den restlichen Teig mit dem restlichen Mehl (300 g) mengen, zu einem Brotlaib formen (oder zwei Brotlaibe), auf ein Blech legen und nochmals 30 bis 35 Minuten gehen lassen. Im vorgeheizten Backofen bei 250 Grad 60 bis 70 Minuten backen.

Eifeler Bauernbrot hat einen guten Ruf. So kommen zum Beispiel viele Kölner, Bonner und Bergheimer am Wochenende in die Nordeifel und kaufen dort Bauernbrot auf Vorrat ein. Jeder Bäcker hat natürlich sein spezielles Rezept, das er streng geheim hält. Das Geheimnis liegt nicht nur in der Gewürzmischung, sondern vor allem im Sauerteig und in der Zubereitung.

Der über Nacht angesetzte Teig spielt in mancher Eifelsage eine Rolle. Dann sind es Zwerge, die in der Nacht das Brotbacken übernehmen. Solche 'Neunhollen' überwinterten in einem Bauernhaus in der Nähe des Hochpochtener Waldes (Kaisersesch, Nähe Maria Martental). Tagsüber schliefen sie in der dunklen, warmen Ecke über dem Backofen. Nachts wurden sie aktiv. So backten sie einmal 14 große runde Broträder.

Eifeler Schrotbrot

250 g Weizenschrot,
1/4 l Wasser,
250 g Roggenmehl,
250 g Weizenmehl,
3 Teel. Salz,
42 g Hefe,
etwas Zitronensäure,
1/4 l Buttermilch
(oder Sauermilch, oder Wasser)

Weizenschrot ('vier Hände voll' heißt es im Originalrezept) mit 1/4 l Wasser über Nacht quellen lassen. Am nächsten Morgen nochmals etwas Mehl und Wasser hinzufügen und bis zum nächsten Tag warm stellen. Am Backtag die anderen Zutaten hinzugeben und alles gut durchkneten. 45 bis 60 Minuten ruhen lassen, dann nochmals durchkneten und einen Brotlaib formen oder den Teig in eine Kastenform füllen. Wieder aufgehen lassen. Das Brot mit kaltem Wasser überpinseln und mit einem scharfen Messer vier bis sechs leichte Einschnitte machen. Das Brot in den auf 200 Grad vorgewärmten Backofen schieben. Nach 10 Minuten kann die Backtemperatur auf 180 Grad hinuntergesetzt werden. Das Brot braucht dann noch weitere 40 Minuten Backzeit.

"Wer gern und viel warmes Brot ißt, kriegt kalte Füße", sagt der Volksmund. Mit den kalten Füßen ist hier die Armut gemeint. Ofenfrisches Brot schmeckt zwar gut, aber es schneidet sich schneller auf -und das konnte man sich früher nicht leisten. So war das Anschneiden von frischem Brot äußerst verpönt und wurde mit Verschwendung gleichgesetzt.

Keine kalten Füße bekommen! Das wollte im wahrsten Sinne des Wortes eine Frau aus einem kleinen Eifelstädtchen. Sie hatte ein frischgebackenes 'Karrenrad' aus dem dorfeigenen Backhaus gut in ihre Schürze eingepackt, rasch nach Hause getragen und in ihr Bett gelegt, damit sie sich daran die Füße wärmen konnte. Doch in der Eile hatte sie nicht ihr eigenes, sondern ein fremdes Brot erwischt, wodurch die Geschichte aufflog. Nun bekam die Eifelfrau doch kalte Füße.

Kartoffelbrot

750 g Mehl,
½ l Milch,
42 g Hefe,
100 g Butter,
100 g Zucker,
1 Teel. Salz,
2 Eier,
200 g Kartoffeln

Aus Mehl und der mit Milch angesetzten Hefe einen Hefeteig ansetzen (s. Weißbrot-Grundrezept). Butter, Zucker, Salz und 1 Ei am Rand des Teigs legen. Nach dem Aufgehen des Vorteigs alles miteinander vermischen und den Teig wieder gehen lassen. Zu diesem Teig gibt man die gekochten, gut durchgestampften Kartoffeln und formt daraus einen Brotlaib. Diesen nochmals gehen lassen. Dann mit einem zerschlagenen Ei bestreichen und bei 200 Grad etwa 60 Minuten 'zu schöner Farbe' backen.

Die Kartoffel wurde lange Zeit für eine Getreidepflanze gehalten, die sich zur Brotherstellung eignete. So lehrten es viele Handbücher und Schriften um 1800. Kartoffeln wurden zu Brotmehl verarbeitet. Es wurde festgestellt, daß 'Kartoffelmehl dem Hafer seine Schärfe, dem Mais seine Trockenheit raubt'. Heute ist dieses Kartoffelmehl noch als Bindemittel gebräuchlich. Zum Brotbacken war es ungeeignet. Dafür stellte man aber fest, daß gekochte Kartoffeln als Füllmittel dem Brotteig beigemengt werden konnten. Im Rheinland war Kartoffelbrot seit 1830 bekannt. So nutzte man bei Knappheit von Mehl die neue Erdfrucht. Man war begeistert, da dieses Kartoffelbrot 'ein sanftes und wohlschmeckendes Aroma' bekam. Im obigen Rezept von 1901 heißt es: "Kartoffelbrot hält sich sehr lange, da das Brot durch die Kartoffeln feucht bleibt." Wurde das Brot jedoch zu feucht, soll es einst mit Gips angedickt worden sein. Heute eignen sich dazu Backfermente.

Das Weib kann aus dem Hause
mehr in der Schürze tragen
als je einfahren kann der Mann
im Erntewagen.

Brötchen für den Sonntag

Brötchen aus Weizenmehl kannten die Eifler bereits um 1920. So schrieb Adam Wrede in der 'Eifeler Volkskunde': "Feines, aus Weizenmehl hergestelltes Backwerk gibt es in der Eifel überall, allerdings nicht für den Alltag. Aus Weizenmehl backt man knusprige Brötchen." In Monschau, Schleiden und im Kreis Euskirchen nannte man etwas größere Brötchen 'Klöppelcher'. In Adenau gab es Semmel aus gebeuteltem Roggenmehl, deren Teig mit Wasser und Salz angerührt wurde. 'Schößjer' hießen sie dort. Blieb etwas vom Brotteig übrig, formte man daraus ein kleines Brötchen, das man in der Südeifel 'Hippel' nannte.

Milchbrötchen

500 g Mehl,
20 g Hefe,
1 Teel. Zucker,
1/8 l Milch,
½ Teel. Salz,
20 g Fett

Einen Hefeteig herstellen (wie bei Weißbrot) und diesen in einer Schüssel gehen lassen. Aus dem Teig eine Rolle kneten, etwa 10 gleiche Portionen schneiden und diese zu Brötchen formen. Diese auf ein gefettetes Blech setzen. Mit dem Messerrücken in der Mitte einen Schnitt eindrücken (ursprünglich mancherorts ein Kreuz). Wieder gehen lassen, dann mit Wasser bestreichen. Bei 200 Grad im vorgeheizten Ofen in 15 bis 20 Minuten zu schöner Farbe backen.

Man kann die Brötchen vor dem Backen mit Mohn, Sesam oder Kümmel bestreuen oder diese Gewürze auch in den Teig einrühren. Brotbackerinnen wissen es längst: Wenn man

Kräuter in den Teig rührt, bleiben Brotwaren länger frisch. Inzwischen hat diese hausfrauliche Erfahrung auch den wissenschaftlichen Segen bekommen. In zahlreichen Versuchen wurde festgestellt, daß Weizenbrot bis zu sieben Tage frisch bleibt, wenn es mit Gewürzen verfeinert wird. Folgende Gewürze eignen sich zum Brot- oder Brötchenbacken: Bohnenkraut, Knoblauch, Kümmel, Muskatblüte, Nelken, Oregano, Pfeffer, Piment, Sternanis, Thymian oder Zimt.

Korinthenbrötchen

500 g Weizenmehl,
20 g Hefe,
50 g Zucker,
1/8 l lauwarme Milch,
125 g Margarine,
½ Teel. Salz,
75-150 g Korinthen
(nach Geschmack)

Das Mehl in eine Schüssel sieben und in die Mitte eine Mulde drücken. Die Hefe zusammen mit dem Zucker in der Milch auflösen, in die Mulde gießen und mit etwas Mehl verrühren. Aufgehen lassen. Die Margarine und das Salz hinzufügen und das Ganze zu einem glatten, geschmeidigen Teig kneten. Zuletzt die Korinthen unterkneten und den Teig zugedeckt an einem warmen Ort 20 Minuten gehen lassen. Aus dem Teig gleichgroße Kugeln (etwa 12-14 Stück) formen, leicht einschneiden und diese auf ein mit Backpapier belegtes Blech legen. Die Teigkugeln 1/4 Stunde gehen lassen. Inzwischen den Backofen auf 200 Grad vorheizen. Die Korinthenbrötchen 15 bis 20 Minuten backen.

Korinthenbrötchen dick mit Butter bestrichen und mit Zukker bestreut! Das war etwas für süße Leckermäulchen zum Sonntagsfrühstück! Schaute die Mutter nicht hin, wurde der

Zucker schnell abgeleckt. Wenn man Glück hatte, bekam man nochmals eine Portion Zucker.

Roggenbrötchen

250 g Roggenmehl,
20 g Hefe,
1/4 l lauwarmes Wasser,
1 Teel. Salz

Mehl in eine Schüssel geben, in der Mitte eine Mulde bilden, Hefe hinein bröckeln und mit 3 Eßlöffeln lauwarmem Wasser und etwas Mehl zu einem Vorteig anrühren. Gehen lassen. Dann Salz und den Rest des Wassers zufügen und den Teig so lange kneten, bis er Blasen schlägt und sich vom Schüsselrand löst. Aus dem Teig eine Rolle formen, in gleichgroße Portionen teilen und Brötchen bilden. Diese mit einem Messer einschneiden, nochmals gehen lassen und im vorgeheizten Backofen bei 200 Grad etwa 20 bis 25 Minuten backen.

Kleine Brötchen backen! Das sagt man, wenn man klein beigibt. Der Eifler Volksmund zieht Vergleiche zwischen Mensch und Brot. In Monschau sagt man zum Beispiel: "En Frau wie Bruet" (gutherzig). "So treu wie Brot", heißt es in Schleiden und Reifferscheid. "Su ihrlich wie Brut", ist man in Prüm. "Godmödig wie Bruet", lobt man einen Menschen in Münstereifel, und "got wie Brot" beurteilt man gute Menschen in Eupen und Malmedy.

Kneipp-Brötchen

250 g Weizenschrot,
250 g Weizenmehl,
20 g Hefe,
1/4 l lauwarme Milch,
5 g Salz

Einen Hefeteig herstellen (s. Weißbrot), gut aufgehen lassen, Brötchen formen, warm stellen und nochmals gehen lassen. Dann bei 200 Grad in 15 Minuten abbakken.

Wie kommen 'Kneipp-Brötchen' in die Eifel? Sie sind in handgeschriebenen Rezeptsammlungen mehrmals zu finden. Sicher hatten die ersten Kneipp-Kurhäuser der Eifel damit zu tun. In Nettersheim zum Beispiel, das seit 1894 für wenige Jahre eine 'Kneipp'sche Kuranstalt' besaß und sich 'Bad' Nettersheim nannte, bot man den Kurgästen 'Kneippbrod-Bäckereien' an. Da in den Kurhäusern die einheimischen Mädchen in der Küche halfen, lernten sie diese gesunden Backwaren kennen.

Wes Brot ich eß,
des Lied ich sing.

Der Brotaufstrich

Wenn das Brot auch eine lange Geschichte hat, so ist der Brotaufstrich noch gar nicht so alt. Brot wurde Jahrtausende hindurch gebrochen und zu Brei, Suppen und Eintöpfen gegessen. Erst später wurde das Brot geschnitten, und die 'Schnedde' mit Butter oder Schmalz bestrichen. 'Botteram' wurde die Schnitte nun genannt. Noch länger dauerte es, bis Wurst und Käse aufs Brot kamen.

Nur zu Feiertagen oder wenn Gäste kamen, wurde in der Eifel ein deftiger 'Botteramsteller' serviert. Vorwiegend mit Schinkenbroten wurde dieses Arrangement angerichtet, aber auch mit Griebenschmalz, Blut- oder Leberwurst aus der Hausschlachtung und mit hausgemachter Sülze wurde das Brot beschmiert oder belegt. Mit Zwiebeln verziert und mit Senf bestrichen konnte man eine deftige Eifler Brotzeit anbieten.

Zum Frühstück wurde das Brot mit selbstgemachter Marmelade oder mit Gelee gegessen. 'En Schmeer Godes (Gutes)", sagt man dazu in der Südeifel. Beliebt war außerdem Rüben- und Apfelkraut. Es wurde zeitweise, so etwa in den Kriegsjahren, selbst hergestellt. Zuckerrüben wurden weichgekocht, gestampft und dann ausgepreßt. Der Saft wurde anschließend zu dickem Sirup eingekocht. Für das Apfelkraut nahm man Fallobst. Auch war es üblich, daß man Fallobst gegen Apfelsirup eintauschte.

Eine alte Eifler Spezialität ist der Kälber- oder Biestekäs'. Dazu mischt man Voll- und Biestmilch, würzt mit Salz, Zukker und Zimt, füllt dieses Gemisch in ein Glas und läßt den Käse im Wasserbad fest werden. Zur Biestmilch ist folgendes zu erfahren: "Die Milch, die die Kuh unmittelbar nach der Geburt gibt, wird Biestmilch genannt. Sie ist gelb, etwas dickflüssiger und wesentlich eiweißhaltiger als normale Milch. Der besondere Eiweißgehalt, der etwa fünfmal so hoch ist wie bei normaler Milch, ermöglicht die Bildung eines Abwehrsystems, welches das neugeborene Kalb vor Krankheiten schützt. Heute wird die Biestmilch nicht zum menschlichen Verzehr benutzt; früher machte man daraus den sogenannten Kälberkäse, eine Art Quark."

Ein ganz besonderer Brotaufstrich war der Schmank, der sich bei frischer Milch absetzende Rahm. 'Schmand' sagt man heute meist dazu. Eine große Scheibe Bauernbrot oder Schwarzbrot wurde dick mit Schmank bestrichen. Darüber streute man Zucker. 1960 erinnerte sich eine Eiflerin an diese Schmankbrote ihrer Jugend: "Die Brotschnitten wurden damit so dick belegt, daß sogar die Nase noch etwas von dieser gesunden Bauernkost mitbekam." Schmank war aber auch ein Heilmittel bei Hautkrankheiten. Selbst hartnäckiger Ausschlag verschwand, wenn er mit frischem Schmank bestrichen wurde.

Schmand-Brotbelag

200 g Schmand,
etwas süße Sahne,
3 bis 5 gekochte Kartoffeln,
1 Zwiebel,
Salz, Pfeffer,
frische Kräuter

Den Schmand mit etwas süßer Sahne cremig rühren. Die gekochten Kartoffeln klein kneten und unter den Schmand mischen. Die Zwiebel sehr fein wiegen und ebenfalls zum Schmand geben. Mit Salz und Pfeffer abschmecken und auf frisches Brot streichen. Nach Geschmack mit frischen Kräutern bestreuen.

Schmand auf Brot macht schön! Damit köderte man die kleinen Mädchen, damit sie eifrig Schmand aßen. Als nicht mehr selbst gebuttert wurde, mußte die Haut von gekochter Milch als Schönheitsmittel dienen. So bekam in einem Eifeldorf ein Ferienkind von der ganzen Nachbarschaft täglich 'Rahm' gebracht, damit es etwas 'Farbe' bekäme. Schon bald war das Mädchen diesen 'Schmank' leid, wollte aber aus Höflichkeit den ländlichen Brotaufstrich nicht ablehnen. Nach den Ferien war der Erfolg dieser Kur nicht zu übersehen: Das Stadtmädchen hatte frische, rote Backen bekommen.

Zwiebelschmalz

250 g Schweineflomen,
5 bis 6 Zwiebeln,
2 Äpfel,
Salz

Schweineflomen klein schneiden und in der Pfanne langsam auslassen. Die Zwiebeln und die Äpfel in feine Würfel schneiden und dazugeben. Etwas salzen. Goldgelb werden lassen. Die Pfanne von der Herdstelle nehmen und das Fettgemisch während des Erkaltens mehrmals umrühren und Zwiebeln und Apfelstückchen gleichmäßig verteilen. Noch warm in Steingutgefäße oder Gläser füllen, verschließen und erstarren lassen.

Zu der Zeit, als alle Besorgungen noch zu Fuß erledigt wurden, nahm man Brote mit auf die Reise. Diese Butterbrote wurden in Zeitungspapier eingepackt, denn Pergamentpapier und Alufolie warteten noch auf ihre Entdeckung. 1901 warnte man vor dem 'unangenehmen Beigeschmack' der Zeitungs-Verpackung und empfahl, belegte und unbelegte Brote in ein rein leinenes Tuch einzuschlagen und dann erst in Papier einzuwickeln. So würden die Schnitten 24 Stunden lang frisch bleiben.

An Umweltschutz und 'Wiederverwertung' dachte man bei folgenden Versen, die 1931 im Eifelkalender veröffentlicht sind:

Mein Freund, der du zu Fuße reisest
und deine Wurst im Freien speisest,
wirf das umhüllende Papier,
das fettgetränkte, nicht von dir!
Steck's lieber ein! Es kommt die Zeit,
wo du es brauchest anderweit!

Griebenschmalz

200 g Flomen,
400 g frischer Bauspeck,
Salz, Pfeffer,
1 Würfel klare Brühe

Flomen und Bauchspeck durch den Fleischwolf drehen oder sehr fein kleinhacken. Bei mäßiger Hitze in einem Bratkessel auslassen. Mit Salz, Pfeffer und einem zerdrückten Brühwürfel würzen. Anschließend unter Umrühren abkühlen lassen, in verschließbare Gläser füllen und erstarren lassen. Der Bauchspeck kann durch Mett ersetzt werden. Die Zugabe von frischen Kräutern je nach Jahreszeit verleiht dem Griebenschmalz einen frischen Geschmack.

Hatte der Vater ein Butterbrot mit zur Arbeit oder zum Feld (zu den Hasen) genommen, dieses aber wieder mit nach Hause zurückgebracht, so erzählte er den Kindern, daß dies ein Hasenbrot sei. Ob es die mitgemachte 'Reise' war, die dem Butterbrot eine geheimnisvolle Würze gab? Auf jeden Fall schmeckte das 'Hasenbrot' nach Abenteuer und weite Welt und wurde selbst von sonst schlechtessenden Kindern mit Heißhunger verzehrt.

Kräuterbutter

125 g Butter,
Petersilie,
Schnittlauch
(oder andere Kräuter),
1/2 Zitrone,
Salz, Muskat,
1 Eigelb

Die frische Butter wird mit den frischgeschnittenen Kräutern gut durchgeknetet. Die Zitrone auspressen und den Saft zu der Butter geben. Mit Salz und Muskat abschmecken. Man kann ein frisches Eigelb unterrühren, dann sollte die Kräuterbutter allerdings nicht lange aufbewahrt werden.

Kräuterbutter ist nicht nur ein Kind unserer Zeit. Auch in alten Eifeler Rezepten taucht diese auf -allerdings nur bei besonderen Familienfesten. Männer bevorzugen den reinen Buttergeschmack und tragen Butter gerne dick auf. Eine 'Buttergeschichte' hat Else Pfefferkorn, die 'wandernde Weblehrerin im Kreise Prüm' 1955 aufgeschrieben: "Ein Dachdecker, der bei dem Bauern, für den er gerade arbeitete, auch in der Kost war, liebte es, seine Vesperbrote nicht nur reichlich mit Butter zu bestreichen, sondern sie geradezu damit zu belegen. Darob entsetzte sich die sparsame Hausfrau und gedachte, einen Vorwurf 'durch die Blume' anzubringen. "Ihr deckt noch gut", sagte sie, mit scharfem Blick auf die Brotschnitte, die von Butter ganz zugedeckt war. Der Mann aber verstand es nicht, oder wollte es wenigstens nicht verstehen. Er bezog es auf sein Dachdeckerhandwerk und pflichtete voll Stolz bei: "Ja, das sagen die Leute alle." "Ich muß noch deutlicher werden", meinte die Frau und seufzte laut: "Die Butter ist jetzt furchtbar teuer", worauf der Mann befriedigt feststellte: "Sie ist aber auch sehr gut." Er ließ sich auch nicht irre machen, als die Frau ihm vorhielt: "Die Butter kostet jetzt 18 Groschen", sondern erklärte seelenruhig: "Das ist sie auch wert!"

Die Geschichte muß mehrmals passiert sein, denn man erzählt eine ähnliche Story aus dem Schleidener Tal. Hier ist es 'Ühm Jannes', der sich die Butter unverschämt dick aufs Brot legt. Die Begebenheit hat sich in einer Redensart festgesetzt: "Dä schmeert wie Ühm Jannes" sagt man im Schleidener Tal, wenn jemand nicht genug bekommen kann. Im Prümer Land warnt eine Redensart vor dem dicken Butteraufstrich: "Wen de Bruet ze deck schmert, moß hernocher sei Bruet drecken (trocken) essen." Die Eupener sagen von den Monschauern, daß diese sich Butter aufs Speckbrot schmieren, also sehr gut leben. Wenn man in Aachen jemandem ohne Rücksicht Vorwürfe macht, so sagt mach dort: "Enge jet op et Bruet schmiere!"

Heringsaufstrich

2 Salzheringe,
2 Zwiebeln,
250 g Speckwürfel,
Salz, Pfeffer

Die Heringe entgräten und mit den Zwiebeln und den Speckwürfeln durch den Fleischwolf drehen. Mit Salz und Pfeffer abschmecken und auf frisches Brot schmieren.

Häckerle' nennt man diesen Heringsaufstrich. In Kriegszeiten wurde der 'falsche Kaviar' mit Kaffeesatz anstatt mit Speckwürfeln gemixt.

Ein Tag ohne Brot ist lang.

Omas Kochkäse

1 Harzer Käse,
Butter, Milch,
250 g Quark,
1 Messerspitze Natron,
2 Teel. Kümmel,
1 Eigelb

Den Harzer Käse in Würfel schneiden. Butter in einer Pfanne erhitzen, den Käse hinzugeben und bei kleiner Flamme auflösen. Den Quark mit etwas Milch verrühren, Natron beifügen, mit Kümmel würzen und zu dem Harzer Käse geben. Kurz aufkochen und zum Schluß ein Eigelb unterrühren.

Heute ist es Sitte, die Brotschnitten möglichst dünn zu schneiden, was oft bereits in den Bäckereien geschieht. Ansonsten wartet zu Hause die Brotschneidemaschine. Bis vor Jahrzehnten waren die Brotschnitten viel dicker. Waren sie außergewöhnlich wuchtig, so sprach man von 'Rämele'. Geschnitten wurde das Brot mit dem Messer. Die Hausfrau hielt dazu das Brot mit der linken Hand an der Brust und schnitt mit einem großen Messer in der rechten Hand das Brot von außen zum Körper hin. Eine beängstigende, gefährliche Technik! Die Beherrschung der Kunst des Brotschneidens galt als Voraussetzung für die Gründung eines eigenen Haushalts. Zeigte ein Mädchen frühzeitig Heiratsabsichten, so wurde es gebremst: Lerne erst einmal richtig Brotschneiden!

Trau' nicht allerorten
des Mannes süßen Worten!

Süßer Klatschkäs'

250 g Klatschkäse (Magerquark), etwas Sahne, 1 Päckchen Vanillezucker, Gelee oder Rübenkraut

Klatschkäse mit etwas süßer Sahne verrühren und mit Vanillezucker süßen. Etwas Gelee oder Rübenkraut darunter rühren; oder Kraut aufs Brot streichen und den Klatschkäse darüber geben.

Klatschkäs' wurde aus Buttermilch oder Magermilch gewonnen. Die Herstellung war umständlich und gar nicht so leicht. Da haben wir es heute einfacher, da fertiger Quark preisgünstig zu haben ist. Wie man ihn aß, ist wie folgt überliefert: "Man aß ihn als Brotaufstrich, und wenn man darunter noch Butter schmierte, so galt das schon fast als Verschwendung. Am besten schmeckte er auf dem selbstgebackenen Weißbrot. Gerne aß man ihn auch auf einer mit Rübenkraut bestrichenen Schnitte Brot."

Die Kinder wurden stets ermahnt, viel Quark zu essen. Um den Klatschkäse attraktiv zu machen, erzählten die Erwachsenen den Kleinen, daß man davon gut pfeifen lerne. Und so aßen die Kinder eifrig den 'Klatschkies'. Hatten sie dann endlich die Kunst des Pfeifens erlernt, wurde ihnen dieses verboten -zumindest den Mädchen.

Junge Leute sollen bei den Alten die Ohren auftun und die Mäuler halten.

Leberpastete

1 kg mageres Schweinefleisch,
250 g Leber,
2 Zwiebeln,
2 Eier,
Salz, Pfeffer,
Majoran, Muskat

Fleisch und Leber durch den Fleischwolf drehen, Zwiebeln klein schneiden, rösten und dazugeben. Eier und die Gewürze gut untermengen (wie Hackfleisch) und abschmecken. In eine Auflaufform füllen und im Backofen bei etwa 180 - 200 Grad eine Stunde backen, dann auf 150 Grad zurückdrehen und noch eine weitere Stunde backen.

Besonders beim Schlachtfest wurde diese Leberpastete hergestellt, die einen kräftigen Brotaufstrich ergab. Mit Fleischresten, Leber und etwas Fett ist diese Pastete auch heute leicht herzustellen.

Schmierbrei

250 g Speckwürfel,
4 bis 6 Eßl. Mehl,
Wasser, Pfeffer

Die Speckwürfel (geräuchert) in der Bratpfanne auslassen, das Mehl einrühren und mit Wasser ablöschen. Mit Pfeffer abschmecken und dick aufs Butterbrot schmieren.

Wurde dieser Schmierbrei mit einem Ei angereichert, so sprach man von Eiermösch (s. Alt-Eifler Küche, Band I). Auch Schmierbrei anderer Art wurde in schlechten Zeiten aufs Brot geschmiert: dicker Grießbrei, Milchreisbrei oder mit Mehl angedickte Suppen- und Eintopfreste.

Brotbacken im Backes

Die Eifelhäuser der Vergangenheit waren oft winzig. Betrat man das Haus, so stand man gleich in der Küche, die gleichzeitig Hauptwohnraum war. Neben der großen Herdstelle konnte in diesem Raum auch noch der Backofen eingebaut sein. Die Vorderseite eines solchen Ofen lag mit der Öffnung in der Küchenmauer nahe dem Herd; der eigentliche Ofen befand sich in großen Bauernhöfen in einem Nebenraum, ansonsten stand er als 'Backes' in halbrunder Form außerhalb des Hauses auf dem freien Hofraum oder zur Straße hin gerichtet. Diesen kleinen, mit einem Dach geschützten Vorbau kann man heute noch hin und wieder an alten Eifelhäusern entdecken. Auch in der 'Eifelgruppe' im Freilichtmuseum in Kommern kann man sich so ein Backes ansehen.

Wer aus Platznot keinen eigenen Backofen besaß, konnte beim Nachbarn den Backofen benutzen. Nach 1800 wurden in manchen Eifeldörfern, vorwiegend in der Vulkaneifel, Gemeinschaftsbackhäuser gebaut, die von allen Dorfbewohnern benutzt werden konnten. Der Hauptgrund war das Sparen von Brennholz, denn die Eifelwälder waren total abgeholzt. In einigen Gebieten wurden die Gemeinschaftsbackhäuser durch einen Erlaß zur Pflicht. Diese Backräume wurden zum 'Kommunikationszentrum' für Frauen: "War für die Männer das Gasthaus der Ort des Gedankenaustauschs, so diente das Backhaus den Frauen zur selben Beschäftigung." Es hatte aber auch eine große Anziehungskraft auf Kinder, die an Backtagen nicht von dem geheimnisvollen Raum wichen. Sie bekamen ein kleines Brot gebacken, das sie gleich an Ort und Stelle verzehrten.

Die Gemeindebackhäuser standen wegen der Feuergefahr oftmals außerhalb des Dorfes und waren mit Dachziegeln gedeckt, während die Bauernhäuser noch mit Stroh oder Ried eingedeckt wurden. Stand ein Backhaus im Dorf, mußte ein fließendes oder stehendes Gewässer, so zum Beispiel der Brandweiher, in der Nähe sein.

Ein Backhaus aus dem vorigen Jahrhundert ist so beschrieben: "Das 'Backes' bestand in der Regel aus einem kleinen Raum, einstöckig, in einem Ausmaß von etwa fünf mal vier Meter. Daran anschließend war der eigentliche Backofen, der sich etwa ein Meter über der Erde befand. Er hatte meist eine länglich-ovale Form, etwa einen halben Meter hoch. Der Boden des Backofens war mit Steinen -meist Tuffsteine- ausgelegt. Die Tuffsteine (Vorkommen im Brohl- und Nettetal) waren ein Gemisch von Kalk und Sand, das zu Traßmörtel gemischt wurde. Gerade diese Steine waren gute Wärmehalter. Die Wände des Backofens verschmierte man mit einem besonderen Gemisch aus Lehm. Vor dem eigentlichen Backofen, der mit einer eisernen Tür verschlossen werden konnte, befand sich der Windabzugskanal, der nach oben zum Dach hinausführte."

Das Fassungsvermögen der Backöfen war unterschiedlich. Je nachdem, wieviel Brote Platz fanden, sprach man von 6-Laib-, 8-Laib- oder 12-Laib-Backofen. Gebaut wurden die Backöfen von speziellen Backofenbauern, den Baakuawensmäächa. Über die Eifel hinaus bekannt waren die Ofenbauer aus Bell am Laacher See, wo seit Jahrhunderten das feuerfeste Gestein gewonnen wird.

Die Benutzung des Backes war nach bestimmten Regeln geordnet. Je nach Größe des Ortes wurde vierzehntägig oder alle drei Wochen an einem Tag oder an zwei Tagen gebacken. Sonderregelungen gab es bei familiären Anlässen, so zur Hochzeit, Kindtaufe und bei Sterbefällen. Weit verbreitet war das Erlosen der Backfolge. Die Familie, die als erste bakken durfte, mußte auch als erste den Ofen anheizen und hatte einen Mehrverbrauch an Holz zu leisten. Die Nachfolgenden übernahmen vom Vorgänger ein warmes 'Gemäuer'. Mancherorts wurde aber auch bestimmt, wer mit dem Backen begann oder die Reihenfolge ging reihum. In alter Zeit wurde der Backtag von den Glocken der Dorfkirche eingeläutet. Das erste Brot, das in den Backofen eingeschoben wurde, bekam ein Kreuz. Dieses "Kreuzbrot" wurde als letztes gegessen.

Geheizt wurde mit Reisig, das in Bündeln -Schanzen- vor jedem Eifelhaus aufgestapelt lag. Erlen- und Ebereschenholz waren besonders beliebt beim Brotbacken. War der 'Kopp' (das Gewölbe) weiß durchglüht, war die richtige Backofenhitze erreicht. Wollte man die Hitze genau prüfen, wurden am Brotschieber drei Roggenähren fest gemacht und mit diesen dreimal im Backofen herumgefahren. Dabei betete man ein Vaterunser. Verbrannten die Ähren, war die Hitze zu stark, sengten sie nur an und wurden braun, war die richtige Backhitze erreicht. Man testete die Hitze aber auch, indem man Mehl in den Backofen hineinwarf; flammte es auf, so war der Ofen zu heiß, röstete es, so war die Hitze richtig. Nun konnte der Ofen geputzt werden. Die Glut wurde mit dem Krätzer in die Aschenkaule geschoben und der Ofen mit dem Ginsterbesen sauber gefegt. Der spannende Moment war gekommen: Das Brot wurde in den Ofen eingeschoben, eingeschossen. Blitzschnell mußte dieses 'Einschießen' mittels der 'Schessel', einer flachen Holzscheibe am langen Stiel, vor sich gehen, damit der Ofen nicht auskühlte. Schon bald "strömte ein Duft in alle Winkel des Dorfes, der von dem Wunderbaren, das bald kommen sollte, eine Vorahnung gab." (Jakob Kneip: Das Backhaus, in: Bergweihnacht 1937)

Dieses 'Wunderbare' geschah, wenn die Brote aus dem Ofen genommen wurden, was wieder mit der Brot-Schieße geschah. Zum Abkühlen wurden die Brote dann auf Brettern gelegt und schließlich nach Hause getragen. Professor Johannes Nosbüsch schreibt dazu: "Endstation war schließlich der Vorratsraum, das 'Spindchen', wo die Rundlinge aufeinandergestapelt wurden, zuweilen in einer besonderen 'Brutt-Biet', einer 'Brotbütte' aus Holz. Hier 'harrten' sie nun dem Kreuzzeichen entgegen, mit dem ihr Anschnitt bei Tisch jeweils eingeleitet wurde. Für etwa zwei Wochen war die Ernährung der Familie gesichert."

Die Atmosphäre in einem Backhaus hat der Dichter Jakob Kneip (geboren 1881 in Morshausen/Hunsrück, gestorben 1958 in Mechernich) in Prosa und Lyrik eingefangen. In dem Gedicht 'Das Backhaus' (Bauernbrot, 1934) heißt es:

> So war es immer, so ist es noch heut':
> Im Morgen-, im Mittag-, im Abendgeläut
> Flackt in der Backhaushalle der Brand,
> Kannst du Bauer und Bäuerin sehn,
> Wie sie im Schein der Flammen gehn;
> Und die Bäuerin schürzt das Gewand,
> Wirft den Teig mit kräftiger Hand,
> Walkt ihn mit beiden Armen zugleich,
> Walzt und knetet ihn mulmig und weich.
> Und die Männer schüren die Glut,
> Schieben im Ofen die Schanzen und Scheite,
> Daß die Hitze sich richtig erbreite...

Der besondere Wohlgeschmack des Brotes entstand durch die von allen Seiten gleichbleibende Wärme der 'weißglitzernd-glühenden' Backofensteine. Dieser 'Steinofen'-Geschmack ist beim Brotbacken im Elektro- oder Gasofen kaum zu bekommen.

Hefetorten und Kirmesfladen

In der Woche vor der Dorfkirmes geriet der Backofen so richtig ins Schwitzen, denn zum großen 'Sippenfest' war 'echt was gebacken'. Nun mußten Unmengen von Hefetorten vorbereitet werden, um die Kirmesgäste von nah und fern bewirten zu können. Entweder zu Hause oder im Gemeinschaftsbackes wurden Taaten gebacken. Von 100 Pfund Mehl und 30 bis 50 Hefetaaten ist die Rede. Appeltaat, Prommetaat, Jreesmehlstaat, Riestaat, Kaneelskranz, zugedeckter Platz oder Hefe-Rodonkuchen waren die typischen Kirmeskuchen. Ursprünglich buk man ausschließlich Hefetaaten, erst in den letzten Jahrzehnten kamen Kuchen aus Rühr- und Mürbeteig hinzu.

War ein Bäcker im Dorf ansässig, so ließ man dort die 'Taaten' abbacken. Dann war ein eifriges Hin und Her im Dorf zu beobachten. Die größeren Kinder brachten die vorbereiteten Hefetorten zum Bäcker und holten sie später wieder ab. Das ganze Dorf war in Aufregung und Eile. Und doch war es ein fröhliches Treiben. Die Vorfreude leuchtete auf dem Gesicht der Mutter zu Hause, und auch den Kindern war die freudige Erwartung anzusehen.

Die Kirmes war als Kirchweihfest nicht nur ein freudiges Fest, sondern hatte neben der kirchlichen auch soziale Bedeutung. In einem Bericht von 1914 heißt es: "Auch haben die Kirmessen ohne Frage eine soziale Bedeutung und tragen dazu bei, daß die alten patriarchalischen Sitten in der Gemeinde noch in etwa aufrecht erhalten werden." Die patriarchalischen Sitten in der Familie hießen ganz konkret: Die Frauen mußten die meiste Arbeit tun, während die Männer dem Kirmesvergnügen nachgehen konnten.

Neben dem Backen standen noch andere Kirmesarbeiten an. Oftmals wurde in der Woche vor der Kirmes, die meist in den Herbst fiel, ein Schwein geschlachtet. Auch mußten Haus und Hof auf Hochglanz gebracht werden, denn ohne großen Hausputz gab es keine Kirmes. Ein Volksreim sagt: "Schurt mer net, dann blönkt et net, dann kütt och mor de Kermes net!" (Scheuert man nicht, dann blinkt es nicht, dann kommt auch morgen die Kirmes nicht.) Es mußten Schlafgelegenheiten geschaffen werden, denn einige Verwandten blieben über Nacht. Natürlich reichten die vorhandenen Betten nicht aus. So begnügte man sich mit einem 'Baljass', einem Notlager auf Stroh, auf dem Boden oder auf Bänken.

Neben den Vorbereitungsarbeiten mußten selbstverständlich auch die Kinder versorgt und die tägliche Haus- und Stallarbeit verrichtet werden. So war die Hausfrau in der Kirmeswoche vom frühen Morgen bis zum späten Abend unentwegt auf den Beinen. Saß man am Sonntag im großen Familienkreis am festlichen, mit Kuchen beladenen Tisch zusammen, und die Besucher griffen hungrig zu, so war alle Schinderei vergessen. Den Tadel 'Do häs de dech jet tzesame gebacke' (da hast du dir 'was zusammen gebacken) brauchte die Hausfrau sich nicht sagen zu lassen. Zeigte sie ihren Stolz auf die gelungenen 'Taaten' jedoch zu offensichtlich, wurde sie zur Bescheidenheit ermahnt: "Mach der nüs ze backe (bilde Dir nichts ein)!"

Erst am Sonntagabend kamen die Frauen etwas auf ihre Kirmeskosten. Die Eifeldichterin Clara Viebig beschreibt in ihrem berühmtesten Roman 'Das Weiberdorf' das Wirtshaus zur Kirmes in Eisenschmitt: "Die schmalen Holzbänke längs der gescheuerten Tische waren dicht besetzt. Mann reihte sich an Mann. Nur wenige Frauen waren da, die kamen erst gegen Abend, wenn das Tanzen losging und die Musik; wenn das Vergnügen so groß wurde, daß der Boden dröhnte vom Stampfen der Füße, Bänke umpolterten, Gläser in Scherben klirrten."

Daß die Frauen vor lauter Arbeit ganz 'duselig' wurden, ist aus dem Jahr 1929 aus der Bitburger Gegend überliefert: "Im Kreis Bitburg haben die drei Tage vor dem Kirmessonntag ihren besonderen Namen. Der Donnerstag heißt Fraaroosentag, weil die Frauen im Anblick der vielen Arbeit rasend werden; der Freitag ist der Fraaduseltag, die Frauen sind von der vielen Arbeit verwirrt, duselig; am Samstag, dem Fraaknuseltag, erreicht die Verwirrung ihren höchsten Punkt, alles ist verknuselt."

Die Eifeler haben viele Notzeiten erlebt und mußten oftmals auf vieles verzichten. Doch ihre Kirmes ließen sie sich nicht nehmen. Als in den Notjahren 1816/17 die dörflichen Kirchweihfeste von den Behörden verboten wurden, stieß man auf erbitterten Widerstand. Und auch etwas später, ließ man sich sein großes Dorffest nicht verbieten: "Als in den 40er Jahren die Eifel wieder in großer Not war, verzichtete man nicht auf die Kirmes. Der sonst so überaus sparsame Eifeler machte Schulden über Schulden. Aber trotz aller Not, trotz aller Ermahnungen feierte er seine Kirmes und wenn er sie nur bei Wasser abhalten konnte."

Heute hat die Dorfkirmes nicht mehr die Bedeutung wie einst. Zuviele andere Veranstaltungen haben ihr den Rang abgelaufen. 'Kirmestaaten' schmecken aber auch bei Familienfeiern.

Der Worte sind genug gewechselt,
laßt uns endlich „Taaten" sehn.

Butterkuchen

Für den Hefeteig:
500 g Weizenmehl,
20 g Hefe,
1/4 l Milch,
75-100 g Zucker,
1 Prise Salz,
50 g Butter,
evt. 1 - 2 Eigelb

Für den Belag:
50 - 125 g Butter,
1 Ei, dicker Zucker,
Mandelblättchen

Man siebt 2/3 des leicht angewärmten Mehls in eine Rührschüssel, drückt in die Mitte eine Vertiefung, löst die Hefe mit lauwarmer Milch und einem Teel. Zucker auf, gibt dieses Gemisch in die Mulde und bestreut etwa ½ cm dick mit Mehl. Am Rand verteilt man den Zucker, eine Prise Salz, die weiche Butter sowie evt. 1 bis 2 Eigelb (diese Zutaten dürfen nicht mit der Hefe in Verbindung kommen). Sobald der Vorteig in der Mitte rissig wird, verrührt man von der Mitte aus die Hefe mit dem Mehl und den übrigen Zutaten und gibt nach und nach die restliche Milch hinzu. Den Teig solange mit dem Rührlöffel schlagen, bis er Blasen wirft. Dann knetet man das restliche Drittel Mehl darunter. Sollte der Teig kleben, wird noch etwas Mehl hinzugegeben, der Teig muß aber weich bleiben. Man läßt den Teig an einem warmen Ort so lange stehen, bis er etwa doppelt so hoch ist. Er wird dann gut durchgeknetet und auf einem gefetteten Backblech ausgerollt und nochmals zum Aufgehen warm gestellt.

Für den Butterkuchen drückt man in den fertigen Hefeteig mit dem Daumen kleine Löcher und gibt dort die zerpflückten Butterstückchen hinein. Das Ei wird aufgeschlagen und über den Teig gestrichen.

Darüber streut man dicken Zucker und Mandelblättchen. Im vorgeheizten Backofen bei 200 Grad etwa 20 bis 25 Minuten abbacken.

Der Butterkuchen wurde auch Zuckerkuchen genannt. Damit die 'Taat' diese Namen auch verdiente, wurde üppig mit Butter und noch großzügiger mit Zucker (bis 200 g) umgegangen. Das Trierische Kochbuch von 1857 empfiehlt den Zucker mit folgender Begründung: "Noch nicht allgemein genug bekannt ist, daß der Zucker als Nahrungsmittel einen sehr großen Wert besitzt. Das Verlangen der Kinder nach Süßigkeiten entspricht nur einer ganz natürlichen Forderung." Früher war es allerdings ganz undenkbar, daß Kinder laufend irgendwelches süßes 'Naschwerk' zugesteckt bekamen. Kuchen und Torten waren daher das einzige Süße nach einer zuckerlosen Woche. So war der Zuckerverbrauch sicher längst nicht so hoch wie heute -egal wie dick der Zucker nun auf den Butter-Zucker-Kuchen gestreut wurde.

Auch die nachfolgend aufgeführte Zimttorte wurde reich mit Zucker bestreut und war besonders bei Kindern beliebt.

Es ist richtig,
Süßes mit Süßem zu vergelten.

Zimttorte (Knipp-Platz)

Für den Hefeteig:
500 g Mehl,
20 g Hefe,
1/4 l Milch,
60 g Butter,
60 g Zucker,
1 Prise Salz,
1 Ei

Für den Belag:
1/8 l Rahm,
1 Eßl. Zimt,
3 - 4 Eßl. Zucker

Einen Hefeteig herstellen (wie bei Butterkuchen). Den fertigen Teig in Größe eines Backblechs ausrollen und auf das Backblech legen. Mit einer Gabel mehrmals den Teig einstechen. Mit dem Rahm (oder mit Butter) bestreichen. Zucker und Zimt mischen und auf den vorbereiteten Teig streuen. Bei 220 Grad auf der mittleren Schiene des Backofens 20 bis 30 Minuten backen.

Warm serviert schmeckt der 'Knipp-Platz' am besten. Doch auch noch nach Tagen, selbst wenn er steinhart geworden war, wurde der 'Knipp' gerne gegessen. Das Rezept für den 'Preußischen Zimmetkuchen' (überliefert von 1901) fordert 10 Eßl. dicken sauren Rahm und 250 g Mandeln 'geschält und mit Rosenwasser fein gestoßen'. Der Knipp-Platz wird zu Knipp-Plätzchen, wenn man einfache, kinderhandgroße, ovale, flache Hefeplätzchen mit grobem Zucker bestreut.

Mit Vielem läßt sich schmausen,
mit Wenig läßt sich hausen.

Eifler Streuselkuchen

Für den Hefeteig:
500 g Weizenmehl,
20 g Hefe,
1/4 l Milch,
1 Prise Salz,
60 g Butter,
60 - 100 g Zucker,
1 Ei, Zitronenschale

Für den Streusel:
60 - 100 g Butter,
60 g Mehl,
60 g Zucker,
20 g Zimt,
60 g Mandelblättchen

Zunächst einen Hefeteig herstellen wie bei Butterkuchen. Dann rührt man noch ein Ei und etwas abgeriebene Zitronenschale dazu. Für den Streusel vermischt man die weiche Butter mit Mehl, Zucker, Zimt und Mandelblättchen (mit der Gabel oder noch besser mit den Fingern), bis 'knuppige Klümpchen' entstehen. Den Hefeboden mit Butter bestreichen (Streusel hält dann besser), den Streusel darauf verteilen und den Streuselkuchen im vorgeheizten Backofen bei mäßiger Hitze etwa 45 Minuten backen. Der Streuselkuchen sollte eine goldbraune Farbe haben.

Man unterscheidet beim Eifler Streuselkuchen zwischen dem nassen und dem trockenen Streusel. Für den nassen Streusel verdoppelt man die Fettmenge (etwa 200 g). Während der nasse Streusel mit Temperament geknetet werden muß, soll der trockene Streusel mit Geduld 'gekrümelt' werden. Man kann unter den Streusel abgetropfte Kirschen oder gedünstete Apfelscheiben legen.

Der Streuselkuchen der Vergangenheit wurde oftmals aus Spelzmehl gebacken und soll 'unheimlich dick' gewesen sein. Der Teig wurde nicht ausgerollt, sondern nur breit gedrückt und konnte drei bis fünf cm hoch sein. Man backte reichlich Streuselkuchen, damit den Gästen ein 'Kirmespaket' mitgegeben werden konnte: "Man gab ihnen einen oder zwei Kuchen und Kränze mit auf den Heimweg, so daß oft mehr Gebäck auf diese Art als auf dem Feste selbst verbraucht wurde."

Streuselkuchen wurde auch zum Beerdigungskaffe gereicht, und auch dann gab man den Trauergästen 'ein Kneäppert' mit auf den Heimweg, eingepackt in ein großes rotes Taschentuch. Man aß davon unterwegs auf dem langen Fußmarsch, vergaß aber auch die Daheimgebliebenen nicht.

Kaffeekuchen

500 g Mehl,
20 g Hefe,
1/4 l Milch,
etwas Salz,
1 Ei,
125 g Butter
(oder 50 g Butter und etwas Rahm),
Rosinen,
1 Eigelb

Mit Mehl, Hefe und lauwarmer Milch einen Hefevorteig bereiten (s. Butterkuchen). Anschließend eine Prise Salz, ein Ei und 125 g weiche Butter unterkneten und den Teig nochmals gehen lassen. Die Rosinen unterkneten, dabei richtet sich die Menge nach Geschmack -von sparsam bis üppig. Den Teig in eine Kuchenform füllen, nochmals gut gehen lassen, dann mit Eigelb bepinseln und etwa 30 Minuten backen lassen.

Der Kaffeekuchen wird zum 'Natronkuchen', wenn man noch einen Teelöffel 'doppelkohlensaures Natron' auflöst und hinzugibt. Seit der Jahrhundertwende bis vor Jahrzehnten wurde sehr viel Natron verwendet: Beim Kochen, bei der Kaffeezubereitung und beim Backen. Daß man dabei zuviel des Guten tun kann, zeigt folgende Geschichte: Als Ehescheidungen noch die Ausnahme waren, ging eines Tages mit Blitzeseile eine Neuigkeit durchs Eifeldorf: Ein Ehepaar trennte sich nach langjähriger Ehe. Welche Sensation! Natürlich suchte man nach den Gründen und fand diese auch bald. Die Frau war (mal wieder) schuld: Sie hatte zuviel Natron beim Kochen und Backen verwandt und damit ihren Ehemann vertrieben.

Eifler Bund
(Hefe-Rodonkuchen)

500 g Weizenmehl,
20 g Hefe,
1 Teel. Zucker,
1/4 l Milch,
75 g Butter,
75 g Zucker,
2 Eier,
250 g Trockenpflaumen

Einen Hefeteig herstellen (s. Butterkuchen). Dann die gewaschenen, abgetropften und kleingeschnittenen Pflaumen hineingeben. Nochmals gehen lassen. Den Teig in eine gefettete Kastenform füllen und bei 200 Grad etwa 50 bis 60 Minuten abbacken.

Dieser Eifeler Hefe-Rodonkuchen kann sowohl dem Brot als dem Kuchen zugeordnet werden. Wollte man ihn besonders kräftig machen, gab man noch einige Eier mehr zu dem Hefeteig. Man aß den Bund gern am Sonntagmorgen. Dazu schnitt man ihn in Scheiben, die man mit Butter bestrich. Der 'Einfache Eifeler Bund' verzichtet auf die Trockenpflaumen und erlaubt nur einige Rosinen.

Gerührter Hefebund

Für den Hefeteig:
250 g Mehl,
10 g Hefe,
1/8 l Milch,
1 Teel. Zucker

Für den Rührteig:
250 g Margarine,
250 g Zucker,
1 P. Vanillezucker,
5 - 6 Eier,
1 Teel. Salz,

Aus Mehl, Hefe, Milch und Zucker einen Hefeteig bereiten (s. Butterkuchen). Zum Gehen an einen warmen Ort stellen. In der Zwischenzeit stellt man einen Rührteig her. Margarine, Zucker und Vanillezucker werden schaumig geschlagen und nach und nach die Eier, 1 Teel. Salz und etwas abgeriebene Zitronenschale gut untergerührt (Rührgerät). Nun gibt man 375 g Mehl und Sultaninen hinzu und vermengt alles kräftig. Wenn der Hefe-

1 Zitrone,
500 g Mehl,
125 - 250 g Sultaninen

teig genug gegangen ist, nimmt man immer eine Suppenkelle von dem Rührteig und mengt ihn unter den Hefeteig. Zum Schluß das restliche Mehl (125 g) hinzugeben, bis ein zähflüssiger Teig entsteht, der fest vom Löffel fällt. Man füllt den Bund in eine gut gefettete Napfkuchenform, läßt ihn etwa eine Stunde lang gehen und backt ihn bei schwacher Hitze etwa 70 bis 75 Minuten lang.

Beim Backen von Brot war es wichtig, immer wieder den Segen Gottes zu erflehen. Und wie war es beim Kuchenbacken? Für diesen Luxusartikel wollte man anscheinend nicht die großen Segensmächte belästigen, denn vom 'Kuchensegen' ist nichts bekannt. Der 'Bund' sollte jedoch nicht auf den Segen der Muttergottes verzichten. Das glaubte zumindest ein frommes Eifler 'Mütterchen'. Für eine Wallfahrt hatte die gute Frau von zu Hause einen 'Bund' zur Stärkung mitgenommen. Als nun das Marienlied 'O Maria, Gnadenvolle, schönste Zier der Himmelsau' angestimmt wurde, holte sie schnell ihren 'Bund' aus der Tasche und sang nun voller Inbrunst: "Segne Mutter, segne Mutter, segne Mutter unsern Bund."

Sich regen bringt Segen!

Kaneelkranz

Für den Hefeteig:
500 g Mehl,
25 g Hefe,
1/8 l Milch,
75 g Zucker,
75 g Fett,
1 Prise Salz,
2 Eier

Für den Belag:
Zucker, Zimt, Anis,
2 P. Vanillezucker,
250 g Rosinen,
100 g Mandelstifte,
100 g Butter, 1 Ei

Einen Hefeteig herstellen (s. Butterkuchen) und etwa 1 cm dick ausrollen. Mehrmals mit der Gabel in den Teig stechen. Zucker, Zimt, Anis und Vanillezucker mischen und über den Teigboden streuen. Die Rosinen und die Mandelstifte gleichmäßig verteilen und Butterflöckchen aufsetzen. Den Teig aufrollen, in Kranzform biegen und auf ein gefettetes Backblech geben. Nochmals gut gehen lassen. Die Rolle mit einem verquirlten Ei bestreichen. Bei 180 Grad den Kaneelkranz etwa 60 Minuten im vorgeheizten Backofen backen.

Aus dem echten Eifeler Kaneelkranz (wird heute oft als Rolle angeboten) purzeln die Rosinen nur so heraus. Die angegebene Menge kann also nach Geschmack noch erhöht werden. Auch der Zimt kann reichlich bemessen werden, denn immerhin hat der Kaneelkranz davon seinen Namen. Das Wort 'Kaneel' bezeichnet den weißen Zimt des mittelamerikanischen 'Weißen Kaneelbaumes'.

Überfluß macht Überdruß.

Reisfladen

Für den Hefeteig:
350 g Weizenmehl,
20 g Hefe,
50 g Zucker,
80 g Butter,
1 Prise Salz,
1/8 l Milch,
2 Eier

Für den Belag:
½ l Milch,
150 g Milchreis
(ca 8 Eßl.),
1 Prise Salz,
125 g Zucker,
1 P. Vanillezucker,
½ Zitrone,
3 Eigelb,
2 Eiweiß

Einen Hefeteig herstellen (s. Butterkuchen), den Teig mit Mehl bestäuben, ausrollen und in eine Springform füllen. Den Rand hochdrücken. Mit einer Gabel den Teig mehrmals leicht einstechen. Für den Belag die Milch aufkochen, den gewaschenen und abgetropften Milchreis unter Rühren einlaufen lassen, 1 Prise Salz dazugeben und Reis in etwa 20 Minuten gar kochen und noch 10 Minuten ausquellen lassen. Zucker, Vanillezucker und die abgeriebene Schale einer halben Zitrone mit den drei Eigelb verrühren und in die heiße Masse geben. Den Milchreis abkühlen lassen. Das Eiweiß steif schlagen und vorsichtig unter die kalte Reismasse heben. Diese auf den Teig streichen und im vorgeheizten Backofen bei 200 Grad gut 30 Minuten backen. Die Oberfläche sollte leicht angebräunt sein.

Wer nach Belgien fährt, sollte nicht versäumen, dort bei einer guten Tasse Kaffee ein Stück Reiskuchen zu essen und ein Reisflädchen mit nach Hause zu nehmen. In Belgien ist die Heimat des Reisfladens. Zugrunde liegt der Reishandel dieses Landes mit dem Orient. Von Belgien ist der Reisfladen nach Aachen ausgewandert. Dort legt man gerne zwischen Hefeboden und Reisbrei eine Schicht Apfelschnitzel, die mit Zucker bestreut werden. Wer noch eins zugeben möchte, spart auch nicht mit Rosinen. Aus Aachen stammt auch dieser Tip: Heiße Kirschen und geschlagene Sahne zum Reisfladen reichen.

Zucker

Grießmehlfladen

Für den Hefeteig:
500 g Weizenmehl,
20 g Hefe,
50 g Zucker,
50 g Butter,
1 Prise Salz,
1/8 l Milch,
2 Eier

Für den Belag:
1 ½ l Milch,
200 g Grießmehl
(Hartgrieß),
100 g Zucker,
1 P. Vanillezucker,
50 g Rosinen,
3 Eier

Einen Hefeteig herstellen (wie Butterkuchen). Für den Grießbrei die Milch zum Kochen bringen und unter Rühren das Grießmehl einlaufen lassen. Zucker und Vanillezucker mischen und einrühren. Dann die Rosinen hinzufügen. Etwa 5 Minuten kochen lassen, dabei das Rühren nicht vergessen. Die Eigelb von 2 Eiern mit einem Teelöffel Wasser verrühren und unter die heiße, nicht mehr kochende Masse ziehen. Den Grießbrei abkühlen lassen, dabei öfter umrühren, damit sich keine Haut bildet. Zwei Eiklar sehr steif schlagen und vorsichtig unter den kalten Grießbrei heben. Den vorbereiteten Hefeboden auf ein rundes, gefettetes Tortenblech legen, Ränder hochdrücken und mit etwas verquirltem Ei bestreichen. Den Teig mit einer Gabel mehrmals einstechen. Dann den abgekühlten Grießbrei behutsam auf den Teig verteilen, mit etwas verquirltem Ei bestreichen und in den vorgeheizten Backofen schieben (mittlere Schiene). Bei 220 Grad 10 bis 15 Minuten backen, dann auf 160 Grad herunter drehen und weitere 10 bis 15 Minuten backen.

Die 'Grießmehlstaat' ist besonders in der Nord- und Westeifel beliebt. Sie fehlt bei keinem Fest und ist in jeder Bäckerei zu haben. Örtlich wird sie noch mit Streusel bestreut oder mit

Riemchen aus Hefeteig geschmückt. Grießmehl brennt beim Kochen leicht an, wenn man die Kochhitze zu hoch nimmt und nicht ständig rührt. So mißlang bei einem Koch-Wettbewerb allen Teilnehmern der Grießbrei. Daß es beim Grießkochen auch früher Schwierigkeiten gab und der Brei 'klüsserig' wurde, beweist ein altes Rezept: "Nimm eine heiße Milch, rühre das Gries hübsch drein, daß es nit klüsserig wird."

Käsekuchen Eifeler Art

Für den Hefeteig:
350 g Weizenmehl,
20 g Hefe,
1 Prise Salz,
50 g Zucker,
80 g Butter,
1/8 l Milch,
evt. 2 Eier

Für den Belag:
2 kg Magerquark,
4 Eier,
250 g Zucker,
1 P. Vanillezucker,
1 Prise Salz,
1 - 2 Eßl. Mehl,
250 g saure Sahne,
125 g Sultaninen

Ein Backblech mit vorbereitetem Hefeteig (s. Butterkuchen) auslegen und einen 2 cm hohen Rand andrücken. Den Magerquark kräftig ausdrücken und mit allen Zutaten außer den Sultaninen sahnig rühren. Zuletzt die Sultaninen unterheben und die Quarkmasse auf den Teig streichen. Den Kuchen in den kalten Ofen schieben. Bei 175 bis 200 Grad etwa 35 bis 45 Minuten backen und noch 5 bis 10 Minuten im ausgeschalteten Ofen stehen lassen.

Die frühere Zubereitung des Quarks für das Eifeler Original Rezept (übermittelt von Susanne Fuß, Kommern) lautet wie folgt: "Man zerreibt so viel Käse, wie man für 6 Kreuzer kauft, recht fein, schlägt 4 Eier darein, 1/4 Pfund zerlassene Butter, ½ Schoppen sauren Rahm, etwas Salz, 1 Eßlöffel voll Mehl, Rosinen auch dazu, rührt alles wohl untereinander und streicht es auf dem Kuchen herum, alsdann wird er gebacken. Wenn er aus dem Ofen kommt, wird er dicht mit Zucker und Zimt überstreut."

Pflaumen- und Apfeltaat

250 g Mehl,
20 g Hefe,
50 - 100 g Butter,
80 g Zucker,
1/8 l Milch,
1 Prise Salz,
1 kg Pflaumen
bzw. 1 kg säuerliche Äpfel,
Paniermehl,
Zucker/Zimt

Einen Hefeteig herstellen (s. Butterkuchen), zu einem Tortenboden ausrollen und in eine Tortenform legen. Den Rand etwas hochdrücken. Die Pflaumen waschen, entkernen und halbieren. Gut abtropfen lassen. Den Hefeboden mit etwas Paniermehl bestreuen und die Pflaumenhälften 'dachziegelartig' auf den Teig legen. Für die Apfeltorte die Äpfel in Viertel schneiden und den Boden damit belegen. Im vorgewärmten Backofen bei etwa 220 Grad 20 bis 30 Minuten lang backen. Noch warm mit Zucker und Zimt bestreuen.

Hefeboden kann mit jeder Obstart belegt werden. Die klassischen Obstauflagen in der Eifel sind jedoch Pflaumen und Äpfel. Hat man beide Obstarten zur Verfügung, kann man eine bunte Obsttorte zaubern. Ein Kirmeslied sagt aus, daß zur Kirmes alles 'Soldat gemacht' wird, also alles eingezogen wird (in der heutigen Umgangssprache wohl eher mit 'sich etwas reinziehen' zu übersetzen):

Han mer och gebacke?
Jo, mer han gebacke!
Appeltaat on Prommetaat,
alles wied Saldat jemaat.

Gedeckter Apfelplatz

Für den Hefeteig:
500 g Mehl,
20 - 30 g Hefe,
40 g Zucker,
1 Prise Salz,
80 g Butter,
1/8 - 1/4 l Milch

Für den Belag:
1 kg Äpfel (säuerliche),
Zucker, Zimt, Anis,
100 g Rosinen,
1 Ei

Einen Hefeteig zubereiten, wie bei Butterkuchen beschrieben. Die Hälfte des Teigs auf ein Backblech ausrollen. Die Teigränder hochziehen. Die Äpfel in dünne Scheiben schneiden und auf den Boden legen. Zucker, Zimt und Anis (Menge nach Geschmack) mischen und darüber streuen. Die Rosinen über die Äpfel verteilen. Die andere Hälfte des Teigs ausrollen und damit den Apfelplatz bedecken. Das Ei verquirlen und über den Oberteig streichen. Etwa 30 Minuten braucht der Apfelplatz bei 180 bis 200 Grad im Backofen.

Für diesen gedeckten Platz kann man auch Pflaumen, Birnen, Aprikosen, Waldbeeren oder anderes Obst nehmen. Der Apfel steht jedoch an erster Stelle. Der gedeckte Apfelplatz kann dick mit Rosinen und reichlich mit Anis gefüllt werden. So paßt zu ihm folgendes Kirmeslied:

Et geht nix üwer'n Appeltaat,
Boddem dünn un dick belaat.
Ich möch ens sin, wem dat nit schmaat,
Su hätt ad mingen Ühm gesaat...

Im Winter
werden die sauren Äpfel süß.

Stachelbeer-Blechkuchen

Für den Teig:
250 g Mehl,
2 Eßl. Zucker,
1 Prise Salz,
1 Zitrone,
20 g Hefe,
1/8 l Milch, 1 Ei

Für den Belag:
2 Scheiben Zwieback,
1 kg Stachelbeeren

Für den Guß:
150 g Butter,
100 g Zucker,
4 Eier,
50 g Mehl,
1 Prise Salz,
1/8 l Sahne

Das Mehl in eine Schüssel sieben, in die Mitte eine Mulde drücken. Den Zucker, 1 Prise Salz und eine abgeriebene Zitronenschale auf den Mehlrand geben. Die Hefe in der Mulde mit etwas lauwarmer Milch glattrühren; 30 Minuten gehen lassen. Die Zwiebäcke in einen Plastikbeutel geben und mit einem Nudelholz zerkleinern. Die Stachelbeeren waschen und gut abtropfen lassen. Für den Guß die weiche Butter mit dem Zucker und den Eiern verrühren. Das Mehl, das Salz und die Sahne untermischen. Den Hefevorteig mit dem Mehl, der übrigen Milch und dem Ei verkneten. 15 Minuten gehen lassen. Den Teig auf ein gefettetes Backblech ausrollen und nochmals 15 Minuten gehen lassen. Den Backofen auf 200 Grad vorheizen. Zuerst die Zwiebackbrösel, dann die Beeren auf den Hefeteig streuen. Den Guß über die Beeren geben. Den Kuchen auf der unteren Schiene 45 Minuten backen.

Zahlreich sind die Dialektausdrücke für die Stachelbeere: Groschel (vom frz. groseille), Kroschel, Knurschel, Gehannsstachel, Stechbeere usw. Die Stachelbeersträucher nennt man Knurschelenheck. Die grünen, stacheligen Gartenbeeren wurden bis vor Jahren in Massen eingemacht. So konnte man auch zur Herbst- und Winterkirmes saftige Knurschele-Blechtorten backen.

Eifler Birnentorte (Bunnesflaaden)

Für den Hefeteig:
500 g Mehl,
30 g Hefe,
75 g Zucker,
50 g Butter,
1 Prise Salz,
1/8 - 1/4 l Milch

Für den Belag:
3 kg getrocknete Birnen,
3 Eßl. Rübenkraut,
6 Eßl. Zucker,
Anis, Koriander

Einen Hefeteig bereiten (s. Butterkuchen). Die gedörrten, über Nacht in wenig Wasser eingeweichten Birnen abtropfen lassen, zerdrücken oder durch den Fleischwolf drehen. Das Rübenkraut sorgfältig darunter mischen und mit Zucker, etwas Anis und Koriander abschmecken. Den vorbereiteten Hefeteig ausrollen und auf ein gefettetes Backblech geben. Nochmals gehen lassen. Dann den 'Birnenschmier' darauf streichen. Man kann mit einer Gabel ein gitterartiges Muster ziehen. Im vorgeheizten Backofen wird der 'Bunnesflaaden' bei 200 Grad in etwa 30 Minuten abgebacken.

Der Fladen mit Birnenmus ist in der Eifel äußerst beliebt. Er wurde gern zum 'Leichenschmaus' gereicht. Der Bunnesfladen und der nachfolgende Prummefladen werden auch 'schwarze Fladen' genannt, wohl wegen der Farbe. Im Gegensatz dazu heißen die Milchreis- und Grießmehltorten 'weiße Fladen'. Die weißen Fladen kommen nicht beim Beerdigungskaffee auf den Tisch.

Du glaubst, am schwersten hast es Du,
doch auch den andern drückt der Schuh.

Schwarzer Fladen

Für den Hefeteig:
250 - 300 g Weizenmehl,
20 g Hefe,
25 g Zucker,
1 P. Vanillezucker,
1 Prise Salz,
50 g Butter,
1 Ei

Für den Belag:
500 g Trockenpflaumen,
1/4 l Rotwein,
Zimt, Anis,
Zitronensaft

Einen Hefeteig herstellen (wie Butterkuchen). Für den Belag die entsteinten Trokkenpflaumen in Rotwein über Nacht quellen lassen. Dann mit den Gewürzen weichkochen. Den überschüssigen Saft abschütten und die Pflaumen pürieren. Den Hefeteig ausrollen und auf eine Backform ausschlagen. Die Ränder hochziehen. Das abgekühlte Pflaumenmus auf den Teig streichen. Man kann den Fladen mit Teigriemchen gitterartig belegen. Der Fladen braucht 30 Minuten Backzeit bei 175 Grad.

Der Duft der Kirmesfladen muß wohl bis in die Nachbardörfer gezogen sein, denn am Kirmesmontag eilten die Knaben der umliegenden Orte ins Kirmesdorf: "Sie zogen durchs Dorf, erbettelten Kuchen, Torten und Wurst unter Absingung eines Reimes und trugen ihre Beute auf einer Stange nach Hause." Hatten die Burschen des Kirmesdorfes nichts Besseres vor, so schloßen sie sich an. Im Kreis Bitburg war zur Kirmes das 'Fladenklatschen' üblich. Die Jungen, welche die Pferde und die Ochsen hüteten, gingen in die Nachbarorte, klatschten vor den Häusern mit ihren Peitschen und erhielten einen Kirmesfladen. In der Gegend von Eupen ritten die Burschen am Donnerstag nach der Kirmes mit den Pferden durchs Dorf und sammelten Fladen, die sie gemeinsam verzehrten.

Nußkranz nach Pfarrhausart

Für den Hefeteig:
500 g Mehl,
20 - 30 g Hefe,
1/8 - 1/4 l Milch,
1 Prise Salz,
50 g Zucker,
75 g Fett

Für den Belag:
200 g gemahlene Haselnüsse,
100 g Marzipanmasse,
100 g Zucker,
1 P. Vanillezucker,
2 Eiweiß,
2 Eßl. Rum

Einen Hefeteig herstellen (s. Butterkuchen), ausrollen, auf ein Backblech geben und gut gehen lassen. Für den Belag die Zutaten zu einer streichbaren Masse verrühren, etwas stehen lassen und dann auf den Teig auftragen. Den Teig zusammenrollen, die Enden fest andrücken, in Abständen von 2 cm oben einschneiden und nochmals gehen lassen. Dann in den vorgeheizten Backofen schieben und etwa 55 bis 60 Minuten backen lassen.

Wollte man sich das Zusammenrollen ersparen, so backte man den 'Kranz' als einfache Taat. Man kann den Teig aber auch in Rechtecke aufteilen, die Füllung in die Mitte geben, die äußeren Felder in breite Streifen schneiden und diese im Wechsel über die Mitte schlagen. Diese Teilchen wie den Nußkranz abbacken.

Wenn die Küche tadellos,
ist der Hausfrau Freude groß.

Bienenstich

Für den Hefeteig:
500 g Mehl,
20 - 30 g Hefe,
1/8 - 1/4 l Milch,
125 g Butter,
125 g Zucker,
etwas Salz,
evt. 1 Ei

Für den Belag:
150 g Butter,
100 g Honig,
100 g Zucker,
250 g Mandeln
(teils gerieben, teils gestiftet),
Buttercreme

Einen Hefeteig bereiten (s. Butterkuchen) und auf ein Backblech ausrollen. Für den Belag die Butter heiß werden lassen und Honig und Zucker einrühren. Kurz aufkochen lassen und die Mandeln darunter rühren. Lauwarm auf den Hefeteig auftragen. Bei Mittelhitze etwa 40 Minuten backen und 5 Minuten im ausgeschalteten Backofen nachbacken lassen. Nach dem Erkalten kann der Kuchen durchgeschnitten, mit Buttercreme gefüllt und in Teilchenform geschnitten werden.

Bienenstich ist heute meist als cremegefülltes Teilchen erhältlich. Woher hat das Gebäck wohl seinen Namen? Von den Mandelsplittern, die ihren Stachel im Kuchen verstecken? Oder vom Honig, der nur in alten Rezepten vorkommt? Oder haben Honig und Mandeln gemeinsam den Namen geprägt? Man weiß es nicht, und daher heißt es offiziell, daß das 'Benennungsmotiv' des Namens unklar ist.

Frohes Schaffen, treues Lieben
ist das Beste stets geblieben.

Apfeltaschen

500 g Mehl,
20 g Butter,
80 - 100 g Zucker,
2 -3 Eßl. Fett,
1/4 l Milch,
Apfelmus,
Puderzucker

Einen Hefeteig herstellen (s. Butterkuchen), ½ cm dick ausrollen, runde Form ausschneiden, Apfelmus in die Mitte legen und die Tasche übereinander klappen. Auf der Mittelschiene bei 200 Grad in etwa 15 bis 20 Minuten gar backen. Nach dem Backen noch warm mit Puderzucker bestreuen.

Da man die Apfeltasche verschiedenartig formen kann, hat sie auch verschiedene Namen: Maultaschen, Ritterhandschuhe, Windmühlen usw. Die Apfeltaschen wurden meist nicht extra gebacken, sondern nach einem langen Backtag von dem Rest des Hefeteigs hergestellt. (Heute macht man die Apfeltaschen gerne mit einem Quark-Öl-Teig.) Oder man backte vom restlichen Teig 'Äpfel im Schlafrock', die man eigentlich mit Mürbeteig herstellt (s. dort). Für die Äpfel im Hefe-Schlafrock schälte man Äpfel, bohrte das Kerngehäuse aus, umhüllte sie mit Hefeteig und backte sie zu Ende des Backtags im noch warmen Ofen. Diese Äpfel im Hefe-Schlafrock waren als Betthupferl für die Kinder bestimmt, als kleine Anerkennung dafür, daß sie am Backtag brav gewesen waren oder etwas mitgeholfen hatten.

Mein größtes Glück, meine größte Freud',
ist eine stille Häuslichkeit.

Buttermoppen

250 g Butter,
150 g Staubzucker,
1 Ei, 1 Prise Salz,
375 g Mehl,
1 Eigelb,
Mandeln

Butter, Staubzucker, das Ei und eine Prise Salz gut verrühren. Dann das Mehl darunter kneten. Den Teig gut durchkühlen und dann ausrollen, in 4 cm große Quadrate schneiden und auf ein gebuttertes Backblech legen. Eigelb mit einigen Tropfen Wasser verquirlen, die Plätzchen damit bestreichen und 4 halbe Mandeln sternförmig auf jeden Keks legen. Bei 200 Grad im vorgeheizten Ofen 10 bis 15 Minuten goldgelb backen.

Einmal im Backrausch, konnten manche Frauen gar nicht mit dem Backen vor der Kirmes aufhören. So wurden noch schnell einige Moppen gebacken. Ein altes Kirmeslied erzählt:

Morgen fängk uns Kirmes an,
höör ens dat Gebimmel...
Jo, dann gitt et Appeltaat,
Nonnefützger, Moppe,
malleich deit, dat es en Staat,
op dä Lukas kloppe...

In den Kirmesbuden gab es Kleingebäck aus Lebkuchenteig, welches man ebenfalls Moppen nannte. Nonnefützjer sind ein Gebäck aus Brandteig, das man in Köln zu Weihnachten backt. Ansonsten wird es auch zu Fastnacht gegessen. Aus Bayern und Tirol sind 'Nonnenfürzchen' bereits aus dem 14. Jahrhundert bekannt.

Kaffeekränzchen und Kindtaufsfeier

Die Geschichte des Kaffees begann in Europa im 17. Jahrhundert. In England entstanden die ersten Kaffeehäuser, die außer dem Kaffeetrinken nichts mit unseren heutigen Cafés gemeinsam haben. "Nicht kuchenessende ältere Damen stellen die Kundschaft, sondern im Geschäftsleben stehende Männer", heißt es dazu. Zur Kundschaft gehörten vornehme Herren und gewerbetreibende Bürger. Es wurden Geschäfte abgeschlossen, Probleme der Politik besprochen und Pläne geschmiedet. Frauen waren in England nicht zugelassen. Auf dem Kontinent wurden sie zwar geduldet, aber gern gesehen waren sie nicht.

Das neue Getränk, das als großer Ernüchterer die alkoholischen Getränke vertreiben sollte, wurde zunächst nur in den Kaffeehäusern serviert, erst später drang es als Frühstücks- und Nachmittagskaffee in die häusliche Sphäre. Nun symbolisiert der Kaffee nicht mehr "den dynamischen Bereich von frühbürgerlicher Öffentlichkeit, Politik, Literatur, Geschäftsleben, sondern steht zunehmend für häusliche Gemütlichkeit."

Bereits im 18. Jahrhundert trafen Frauen sich im häuslichen Bereich zu einer gemütlichen Kaffeestunde. Es entwickelten sich Kaffeekränzchen, wobei das Wort 'Kränzchen' hier für 'regelmäßige Zusammenkunft eines geselligen Kreises' steht. Doch von Anfang an machte sich die Männerwelt darüber lustig. Als 'Kaffeeklatsch' wurde die Zusammenkunft abgewertet. Das Wort 'Klatsch' für 'Geschwätz, übles Gerede' ist erst in jener Zeit entstanden. Man warf den 'Klatschbasen' üble Klatschsucht vor und argwöhnte, daß beim Kaffeetrinken und Kuchenessen über die lieben Mitmenschen getratscht wurde. Tatsache ist, daß Frauen, wenn sie unter sich sind, nicht so sehr Geschäftliches oder Politisches diskutieren, sondern viel lieber von persönlichen Problemen sprechen. Sie sprechen **von** Menschen, nicht **über** Menschen. (Ausnahmen bestätigen auch hier die Regel.) Diese frauliche Gewohnheit wird von Nicht-Zugelassenen abwertend gesehen. Bis heute hat das Kaffeekränzchen mit Vorurteilen zu kämpfen.

Das Kaffeekränzchen unterscheidet sich grundlegend vom Geburtstagskaffee oder von anderen Familienfesten, denn dort ist die Tafelrunde gemischt. Beim speziellen Kränzchen sind nur Frauen anwesend. Haben Frauen heute das Bedürfnis, mit anderen Frauen zu reden, so organisieren sie eine Kaffeetafel. Für diesen Anlaß werden leckere Kuchen gebacken und manche Rezepte ausgetauscht.

Früher war es den Frauen auf dem Land nicht möglich, sich ohne einen triftigen Grund zum gemeinsamen Kaffeetrinken zu treffen. Aber es gab immer wieder einen Anlaß, sich in geselliger Frauenrunde einzufinden. So reinigten zum Beispiel die Mädchen im Maifeld im Frühjahr den Dorfbrunnen, sammelten anschließend Eier und Speck und veranstalteten einen Mädchenkaffee. Auch vor Fronleichnam setzten Mädchen und Frauen sich nach dem Schmücken der Altäre zusammen zu einer Kaffeerunde.

Ein besonders willkommener Anlaß für ein 'Kaffeekränzchen war eine Kindstaufe. Dann veranstalteten die Frauen in verschiedenen Gebieten der Eifel ein richtiges 'Weiberfest'. Die Details unterschieden sich zwar, aber es gab doch viele Gemeinsamkeiten. Bis zum Ersten Weltkrieg -örtlich auch länger- waren diese Tauffeiern in der Eifel üblich.

Das Kind wurde bereits zwei oder drei Tage nach der Geburt getauft. Dann gab es eine 'Bierreise' in eine Gaststätte, an der die Hebamme, die Paten und die nächsten Verwandten teilnahmen. Es wurde eine kalte Weinsuppe mit Rosinen serviert und als Getränke Wein und Bier angeboten. Über die Frauen bei diesem Gaststättenbesuch heißt es: "Und wenn sie nunmehr betrunken sind, so fangen sie an zu 'krähen', welches denn auch wohl in den Straßen, auf dem Wege bis zu des Kindes Heimat geschieht, und wenn die Weiber nicht gekräht haben, vermeinen sie nicht recht wohl Kindtauf' gehalten zu haben."

Die große Kaffeevisite folgte erst nach der Aussegnung der Mutter, entweder 14 oder 40 Tage nach der Geburt. Diese Festlichkeit wurde Kindessen, Kindtaufsessen, Kindtaufkaffee, Möhnekaffee oder Kannszopp genannt. Es waren 'ächte Weiberfeste', heißt es 1856. Alle weiblichen Verwandten und 'alle Frauenspersonen der Nachbarschaft' waren eingeladen, 'zur Taufe gerufen'. Jede Frau steuerte etwas zu den Backzutaten zu. Alle halfen beim Taatenbacken, wofür das Backes uneingeschränkt zur Verfügung stand. Die Vorbereitungsarbeiten im Haus des neuen Erdenbürgers und die Bewirtung der Frauen wurden von den Nachbarinnen übernommen. Eine Entschuldigung für ein Fernbleiben bei der Tauffeier gab es nicht. Wer eingeladen war und nicht 'op de Döf ' kam, dem kündigte man die Freundschaft, wie ein alter Eifler Spruch sagt:

> Wer nicht kommt zum Kindtaufsschmaus,
> mit dem ist alle Freundschaft aus.

Jede Frau brachte zum Kindtaufschmaus eine Gabe mit. Meist war es ein Pfund Kaffee oder Zucker. Fehlende Sitzgelegenheiten oder Porzellan wurden geliehen. Natürlich wurde das gute Service für das 'Kindessen' herausgeholt und die gute Stube dafür hergerichtet. Aus dem südlichen Teil der Eifel ist folgendes über die Sitzordnung und die Regeln beim Taufschmaus überliefert: "Sind die geladenen Gäste erschienen, so nehmen sie Platz an den aufgestellten Tischen. Den

Ehrenplatz am Kopfende des Tisches erhält die Mutter mit ihrem 'Stömpeschen' (Kinde); daran anschließend setzen sich die älteren Frauen und zuletzt die jüngeren. Auch die Kinder nehmen teil an der Feierlichkeit. Personen männlichen Geschlechts, außer dem Paten, dürfen nicht erscheinen. Läßt sich aber doch eine Mannesperson dort blicken, so wird ihm von den Frauen die Kopfbedeckung genommen, welche er nunmehr durch ein Quantum Wein einlösen muß."

Auf der Kaffeetafel thronten zwischen weitbauchigen Kaffeekannen Berge von Kuchen. Waren es ursprünglich dünne Roggenbrote, die man mit Birnenmus oder einem anderen Mus bestrich, so gab es später aus Weizenmehl gebackene Form- und Blechkuchen. Wie bei der Kirmes waren die Hefetaaten in der Überzahl, aber auch Kuchen aus Rühr- oder Mürbeteig wurden angeboten.

Junge Mädchen waren nicht zur Tauffeier zugelassen. Erst wenn sie verheiratet waren, hatten sie Zutritt. Wenn eine Frau erstmals zum 'Kränzchen' der Dorffrauen kam, mußte sie eine reiche Gabe an Zucker, Kaffee oder Eier mitbringen. Als Gegengabe erhielt sie ein besonderes Stück Kuchen, das mit Bändern oder einem Palmzweig geschmückt war. Mancherorts mußte die junge Frau über einen Besen springen, bevor sie mit einem Lied offiziell in den Kreis der Frauen eingeführt wurde. Anderenorts wurde ihr die Haube vom Kopfe genommen, die sie mit Getränken wieder einlösen mußte. Waren die Auflagen erfüllt, dann konnte die Frau in Zukunft an allen Kindtauffeiern teilnehmen, sie war 'in die Zunft eingeführt'.

Da die Frauen bei der Tauffeier einmal unter sich waren, fühlten sie sich frei und gelöst. So kam eine ungebremste Feierstimmung auf. Die alten Berichte über die Kindessen sind - wie damals allgemein üblich- von Männern geschrieben, die jedoch nicht aus eigener Erfahrung berichten konnten, da sie ja nicht zur Kaffeetafel zugelassen waren. Stets wird mit Verwunderung und Befremden die Fröhlichkeit der Frauen hervorgehoben. So heißt es 1926: "Eine auffallende Lustigkeit bemächtigt sich der eingeladenen Nachbarinnen. Man soll nicht glauben, daß die alten Mütter so lebensfroh sein können." Diese Notiz sagt einiges über die Frauen jener Zeit aus: Diese galten als alt, sobald sie Mütter waren, und sie waren nicht mehr lebensfroh, wenn die Sorge um Familie und Haushalt auf sie lastete.

Erstaunen über die 'Veränderung' der Frauen bei einer Tauffeier klingt auch in folgendem Bericht durch: "Das 'Kindessen' beginnt mit einer ausgiebigen Kaffeebewirtung. Bei dieser Gelegenheit geben die Frauen den Ton an. Mitunter sollte man meinen, es sei mit mancher der teilnehmenden Frauen eine große Veränderung vorgegangen. Da gibt es welche, die beim 'Kindessen' eine große Lustigkeit an den Tag legen... Es soll vorgekommen sein, daß diese Lustigkeit sogar in Ausgelassenheit ausartete, die merkwürdige Vorkommnisse mit sich brachte. Eine so muntere Stimmung kam in der Regel erst dann zur vollen Geltung, nachdem der ebenfalls an dem 'Kindessen' teilnehmende Ortsgeistliche das gastliche Haus verlassen hatte."

Die Fröhlichkeit der Frauen bei der Tauffeier war in der ganzen Eifel zu beobachten. Vom Monschauer Land wird über den 'Kindtaufsschmaus' im Jahr 1916 folgendes berichtet: "...immer entwickeln die Beteiligten (die Frauen) eine urwüchsige Laune, es wird nicht, wie in den Salons der Verbildeten, ein Versteckspiel mit Gefühlen, Gedanken und Worten getrieben, sondern man sagt sich mit lachendem Munde die derbsten Verbindlichkeiten. Die geistige Unmittelbarkeit, die

Naivität, Natürlichkeit und Wahrhaftigkeit der Volksseele kommt hier zur Erscheinung."

In der Eifeler Volkskunde von 1924 ist der 'Könnerkaffee' genau beschrieben. Auch hier hat man die Frauen beobachtet: "Bei diesem Schmausen und Zechen treten die Frauen aus ihrer sonstigen Zurückhaltung heraus, krähen und juchzen zuweilen auch ausgelassen und sind nicht wählerisch in ihren Scherzen... Eine Eifeler Kindtauffeier war ein echtes Weiberfest, bei dem Männer nicht zugelassen wurden; sie wurden verspottet, auch der Vater des Kindes, und oft blieben derbe Anspielungen nicht aus... Es ertönen Spottliedchen auf den toppchen Mann (dummen Ehemann)... Im Übermaß der Freude und Lust tanzte man früher zwischendurch den 'Schweizermann' auf den Hosen (Strümpfen); man zog die Schuhe aus. Die Frauen faßten ihre Röcke unten am Saum über Kreuz und sprangen rund im Kreis... Eine Eifeler Kindtauffeier hatte es also in sich."

Auch im Blankenheimer Raum hatte es die Kindtauffeier in sich. Auch hier schüttelte man über die sonst so bescheidenen Eifeler Frauen den Kopf. In einem Bericht von 1896 heißt es: "Speziell im Dekanate Blankenheim wird das sogenannte Kindessen gehalten, bei dem alle weiblichen Verwandten, Bekannten und Nachbarn erscheinen und eine oft großartige Kaffeevisite halten, bei der merkwürdigerweise die sonst so bescheidenen Eifeler Frauen eine derartige laute Munterkeit beweisen, daß schon mancherorts der Pastor einschreiten mußte, um dieselben in den Schranken der weiblichen Bescheidenheit zu halten."

Die 'laute Munterkeit' der sonst so bescheidenen Frauen ging bis in die Nacht hinein: "Oft dauert die Festlichkeit bis Mitternacht. Die Teilnehmer verabschieden sich in dem Bewußtsein, einige fröhliche Stunden verlebt zu haben, und geben der stillen Hoffnung Raum, recht bald wieder eine 'Kindtauf' mitmachen zu können." Denn dann gab es wieder ein Frauentreffen mit Kaffee und Kuchen, voll Freude und Ausgelassenheit. Doch zunächst forderte der harte Alltag der Frauen wieder seinen Zoll.

Hast Du Kummer? Hast Du Sorgen?
Soll ich Dir mein Lächeln borgen?
Nimm es nur und nütz es gut,
daß es seine Wirkung tut.
Hilft es Dir und bringt's Dir Glück,
gib' es mir einmal zurück.

Sonntagskuchen und Festtagstorten

Meine Mutter schnitt Butter ab, gab sie in eine Rührschüssel und reichte mir einen Rührlöffel. Jetzt galt es zu rühren, nach gutem Brauch eine Stunde lang. Gut eine viertel Stunde brauchte die Butter, bis sie weich und schaumig war. Dann wurde Zucker beigefügt. Ununterbrochen mußte ich weiter rühren. Wenn die Eier dazu kamen, ging das Rühren etwas leichter, dafür wurde es jedoch viel schwerer, wenn das Mehl hinein geschüttet wurde. Ich rührte und rührte, nahm dabei die Geräusche in der Küche und auf dem Hof wahr und lauschte den Gesprächen der Erwachsenen. Ich wechselte mal die linke und mal die rechte Hand beim Rühren und schaute immer wieder zur Küchenuhr. Die Zeit schien stillzustehen. Ich dachte an den Sonntag, wenn die ganze Familie nachmittags am Kaffeetisch saß und der Kuchen angeschnitten wurde. Er war viel schneller gegessen als gerührt! Doch noch war es nicht so weit. Erst mußte gerührt und gerührt werden. Bald nahm ich die Gespräche und Geräusche nur noch von fern wahr. Ich schaute in den Teig, beobachtete, wie Bläschen aufgingen und wieder zerfielen. Mein Rühren zog spiralförmige Kreise, immer wieder neue, immer wieder andere und immer wieder die gleichen. Doch bald nahm ich auch das nicht mehr wahr. Ich sah und hörte nichts mehr und rührte und rührte nur noch. Irgendwann war tatsächlich die Stunde vorbei. Meine Mutter nahm die Schüssel und füllte den Teig in die Kuchenform, schob diesen in den Ofen. Schon bald zogen Wohlgerüche durch die Küche.

Leider waren meine ersten hausfraulichen Tätigkeiten für die Katz. Im Trierischen Kochbuch (1857) steht über das Rühren: "Je nach Mischung reicht bei manchen Kuchen eine viertel Stunde, bei anderen bis zu einer halben Stunde. Das stundenlange Rühren hilft zu nichts."

Für die Technik des Rühren gibt es in dem 'Kochbuch einer Trierischen Dame' folgende genaue Anweisung: "Man halte den Löffel mit der linken Hand oben leicht an, indem man mit der rechten Hand mehr nach unten hin den Löffel anfasse und, die offene Seite nach sich hin haltend, diesen nach einer und derselben Richtung von der linken zur rechten Seite hin, oder nach Gefallen umgekehrt, die Runde machen läßt. Das Rühren muß ohne Unterbrechung sehr rasch und lebhaft geschehen und darf nicht langsamer beendet werden, als angefangen worden ist."

Daß Kinder schon früh lernen sollten, welche Zutaten man für einen Kuchen braucht, sagt ein altes Kinderlied. Im Eifeler Dialekt lautet es:

Backe (batsche), backe Koche,
der Bäcker hat gerofe:
Wer well gode Koche backe,
de moss och han siwwe Sache:
Eier on Schmalz,
Botter on Salz,
Melch on Mehl,
Safran macht de Koche gel.

Was früher galt, gilt in den meisten Familien heute noch: Kein richtiger Sonntag ohne Kuchen! Und selbst an einem 'halben Feiertag' darf der Kuchen nicht fehlen, denn im Raum Daun nennt man einen solchen Feiertag 'Kuchensonntag'. Beim Selberbacken ist heute meditatives Kuchenrühren nicht mehr nötig. Mit einem elektrischen Rührgerät oder mit der Küchenmaschine läßt sich schnell ein Kuchen aus Rühr-, Mürbe-oder Biskuitteig herstellen und macht das Backen eines Sonntagskuchen wieder attraktiv.

Rührteig

Sandkuchen

125 g Butter,
125 g Zucker,
1 P. Vanillezucker,
2-3 Eier,
125 g Mehl,
125 g Kartoffelmehl,
1 Teel. Backpulver

Butter weich rühren, Zucker und Vanillezucker dazu geben und solange rühren, bis der Zucker aufgelöst ist. Dann die Eier unterrühren. Mehl und Kartoffelmehl mit dem Backpulver mischen und zum Teig geben. Nochmals gut rühren! Den Teig in eine Kastenform geben und bei Mittelhitze 60 bis 70 Minuten bakken. Bei halber Backzeit ritzt man den Kuchen mit einem scharfen Messer der Länge nach ein.

Während das Trierer Kochbuch 2 bis 3 Eier für den Sandkuchen empfiehlt, fordern handgeschriebene Rezepte von Eifelfrauen viel mehr Eier. So gibt ein Rezept bei einem Pfund Weizenmehl 18 Eigelb und 12 Eischnee an. Ein anderes Sandkuchen-Rezept nennt 12 ganze Eier. Mit 'nur' sieben Eiern wird der Sandkuchen sogar zum 'Gesundheitskuchen'. Auch mit Butter und Zucker ging man nicht sparsam um. Ein ganzes Pfund Butter und 1 ½ Pfund Zucker nahm man bei einem Pfund Mehl für einen 'guten' Sandkuchen. Um sich solche sonntägliche Üppigkeit leisten zu können, mußte man allerdings die ganze Woche lang Eier und Butter sparen. Man konnte sich den Kuchen dann gleich in doppelter Hinsicht leisten: von den Zutaten und von den Kalorien her. Ein Sandkuchen 'Oma Lorchen', auch Barbarakuchen genannt, wird mit etwas abgeriebener Zitrone verfeinert. Für einen 'Teekuchen' wird zu obigem Rezept etwas Rum beigefügt.

Marmorkuchen

250 g Butter,
250 g Zucker,
1 P. Vanillezucker,
4 Eier,
500 g Mehl,
1 P. Backpulver,
etwa 1/8 l Milch

Für den dunklen Teig:
30 g Kakao,
25 g Zucker,
3-5 Eßl. Milch,
Rum-Aroma,
Puderzucker
(oder Schokoguß)

Butter, Zucker und Vanillezucker schaumig rühren. Die Eier trennen und das Eigelb einrühren. Mehl und Backpulver mischen und nach und nach hinzugeben. Wird der Teig zu fest, die Milch einrühren. Zum Schluß das steif geschlagene Eiweiß unterheben. Den Teig in zwei ungleiche Teile teilen. In den kleineren Teil wird der mit Zucker gemischte Kakao, etwas Milch und der Rum (Menge nach Geschmack) gerührt. Den hellen Teig in eine Rodonform geben, den dunklen Teig darüber füllen. Mit einer Gabel den dunklen Teig spiralförmig unter den hellen Teig ziehen (Marmormuster). Bei guter Mittelhitze ist der Marmorkuchen nach 50 bis 60 Minuten durchgebacken. Mit Puderzucker bestreuen oder einen Schokoladenguß darüber streichen.

Die Triebmittel Hefe und Sauerteig sind eine Entdeckung der Menschheit, speziell der Frauen. Das Backpulver ist eine Erfindung eines einzelnen, des deutschen Chemikers Justus Liebig (1803-1873). Er entdeckte u.a. das Chloroform und führte die künstliche Düngung ein. Seine Erfindung des Backpulvers erleichterte den Hausfrauen das Backen. Liebig erlebte es nicht mehr, was sein Backpulver in Amerika anrichtete: "1899 brach in Amerika eine Kontroverse über Backpulver aus - jenes harmlose Produkt, das Liebig den deutschen Hausfrauen geschenkt hatte, damit ihr Teig leichter aufging." Der Backpulverstreit zweier Firmen uferte in einen 'Backpulverkrieg' aus, denn das 'harmlose' Backpulver sah man als gesundheitsschädigend an. Immer weitere Kreise zog der Streit. Anklagen, Gutachten, Aussagen und Schuldsprüche umfaßten schließlich zwei Bände mit über 2.000 Seiten.

Schokoladenkuchen

250 g Butter,
250 g Zucker,
1 P. Vanillezucker,
4 Eier,
125 g Mehl,
125 g Speisestärke,
2 Teel. Backpulver,
200 g Blockschokolade
(oder 3 Eßl. Kakao),
3 Eßl. Rum

Von Butter, Zucker, Vanillezucker, Eier und dem Mehl-Mondamin-Backpulver-Gemisch einen festen Rührteig herstellen. Zum Schluß die fein geriebene Blockschokolade und den Rum einrühren. Den Kuchen bei 180 Grad etwa 60 bis 70 Minuten backen lassen. (Nach Belieben einen Schokoladenguß über den Kuchen verstreichen.)

Früher lernten die angehenden Hausfrauen folgendes über Backpulver: "Der Zweck des Backens ist, die Zutaten, vor allem das Mehl, in eine leichtverdauliche Form zu bringen. Das Aufgehen des Teiges wird durch Triebmittel bewirkt, von denen sich mit der Zeit für die Hausbäckerei das Backpulver als das bequemste und sicherste erwiesen hat."

Frisch gewagt
ist halb gewonnen!

Rehrücken

100 g Butter,
150 g Zucker,
4-6 Eier,
100 g gemahlene Mandeln,
125 g Zwieback,
2 Eßl. Mehl,
½ P. Backpulver,
200 g Zartbitter-Schokolade,
2 Eßl. Rum,
25 g Kokosfett,
50 -75 g Mandelstifte

Die Butter schaumig rühren. Den Zukker langsam einrieseln lassen. Die Eier nacheinander untermischen. Die gemahlenen Mandeln und den fein zerdrückten Zwieback, das Mehl und das Backpulver unterrühren. Die Hälfte der Schokolade fein raspeln und mit dem Rum unter den Teig ziehen (evt. etwas Milch beigeben; der Teig soll jedoch schwer vom Löffel fallen.) Den Teig in eine gefettete Rehrükkenform füllen und in den vorgeheizten Backofen auf der mittleren Schiene 60 Minuten backen. Den Rehrücken auf ein Kuchengitter stürzen und abkühlen lassen. Für den Guß die restliche Schokolade mit dem Kokosfett schmelzen, den Kuchen mit der Glasur überziehen und üppig mit Mandelstiften bestecken, 'spikken'.

Der gebackene Rehrücken ist ein 'berühmtes Rezept, das leicht gelingt'. Die neuere Backanleitung nimmt 2 Schokoladen-Puddingpulver anstelle des Zwiebacks. Will man den Kuchen nur mit Mehl zubereiten, so nimmt man 300 g Weizenmehl und 3 Teel. Backpulver. Der Kuchen soll in seiner Form an einen Wildbret-Rehrücken erinnern.

Liebe ist der beste Koch!

Haselnußkuchen

250 g Butter,
375 g Zucker,
1 P. Vanillezucker,
4 Eier,
325 g Mehl,
1 P. Backpulver,
175 g gemahlene Haselnüsse,
1/8 l Milch

Aus den Zutaten in der angegebenen Reihenfolge einen Rührteig herstellen. In eine gefettete Springform geben und bei 180 bis 200 Grad etwa 50 bis 60 Minuten backen. Nußkuchen schmeckt nach zwei bis drei Tagen am besten.

Haselnüsse wachsen reichlich in der Eifel. Nußhecken standen entweder am Haus oder an den Wald- oder Feldrändern. Im Alltag waren nicht nur die Nüsse, sondern auch das Holz von Nutzen. Man stellte Stiele für Besen, Mistgabeln und Heurechen davon her. Die lange Peitsche befestigte man an einer Jusch, einer Gerte vom Haselnußstrauch. Die Kinder bastelten sich ihre Pfeifen aus Haselnußästen. Auch magische Kräfte wurden dem Haselnußholz zugeschrieben. So hat sich folgender Volksglauben erhalten: "Wenn man mit einer Haselnußrute auf ein Kleidungsstück schlägt, spürt der Besitzer des Kleidungsstücks die Schläge, egal wie weit entfernt er ist." Allerdings hängt der schlagende Erfolg von Ort und Zeit ab. Es muß möglichst ein magischer Platz sein, und man sollte das Experiment nur an bestimmten Tagen vor Sonnenaufgang wagen.

Allen Leuten recht getan,
ist eine Kunst,
die niemand kann.

Großmutters Gewürzkuchen

250 g Butter,
250 g Zucker,
4 Eier,
300 g Mehl,
1 P. Backpulver,
1/8 bis 1/4 l Milch,
1 Teel. Zimt,
1 Messerspitze Nelken,
1 Messerspitze Muskat,
200 g geraspelte Schokolade,
Puderzucker

Butter und Zucker schaumig rühren. Eier trennen und Eigelb einrühren. Das Mehl mit dem Backpulver und den Gewürzen mischen und nach und nach im Wechsel mit der Milch einrühren. Zum Schluß das steifgeschlagene Eiweiß und die Schokoladenraspeln unterheben. Den Teig in eine gefettete Springform füllen und bei 175 Grad 60 Minuten backen. Den fertigen, erkalteten Kuchen mit Puderzucker bestäuben.

Dieser 'antike' Gewürzkuchen ist aus dem Jahr 1925 überliefert. Die Schokoladenraspeln können durch Kakao (60 g) ersetzt werden. Nelken und Muskat können nach Geschmack bis auf ½ Teel. erhöht werden. Man kann Zitronat und Rosinen nach Geschmack mitbacken (s. folgende Rezepte für Königskuchen, Mandelbrot und Jägertorte).

Königskuchen

250 g Butter,
200 g Zucker,
1 P. Vanillezucker,
5 Eier,
etwas Salz,
500 g Weizenmehl,
1 P. Backpulver,
Zitronen- oder Rumaroma,
1,8 l Milch,
250 g Korinthen,

Man rührt die Butter schaumig und gibt nach und nach Zucker, Vanillezucker, Salz und die Eier hinzu. Gut rühren! Das Mehl wird mit Backpulver gemischt und abwechselnd mit der Milch untergerührt. Ein Fläschchen Zitronenaroma (oder nach Geschmack Rumaroma) hinzugeben. Die Korinthen und Rosinen waschen, abtropfen lassen und mit dem kleingeschnit-

150 g Rosinen,
125 g Zitronat
evt. Streusel

tenen Zitronat zuletzt unter den Teig geben. Man füllt den Teig in eine gefettete Kastenform. Bei schwacher Mittelhitze (175 Grad) braucht der Königskuchen etwa 75 Minuten Backzeit. Das alte Rezept empfiehlt Streusel als Belag für den Königskuchen.

Dieser Königs- oder Kaiserkuchen (oder ein ähnlicher Rührkuchen) wurde zum Dreikönigsabend gebacken. Aus Blankenheim und Neuerburg ist folgender Brauch bereits 1856 notiert: "Eine Torte oder Kuchen wird gebacken und in denselben zwei Bohnen, eine schwarze und eine weiße, eingelegt. Wer nun am Abend beim Umteilen des Königskuchen das Stück mit der schwarzen Bohne erhält, wird König, das Stück mit der weißen Bohne bestimmt die Königin." Dieser Brauch war in manchen Familien bis in jüngster Vergangenheit üblich.

Mandelbrot

200 g Butter,
200 g Zucker,
4 Eier,
500 g Mehl,
1 P. Backpulver,
etwas Milch,
100 g gemahlene Mandeln,
100 g Zitronat,
100 g Rosinen,
etwas Zimt,
Schale einer Zitrone,
Mandelblättchen

Butter und Zucker schaumig rühren. Das Eigelb der Eier einrühren. Mehl und Backpulver mischen, hinzugeben und mit der Milch zu einem Rührteig verrühren. Mandeln, Zitronat und Rosinen zum Schluß einrühren. Mit etwas Zimt und der abgeriebenen Schale der Zitrone würzen. Zum Schluß Eischnee unterheben. Den Teig in eine Kastenform füllen und mit Mandelblättchen bestreuen. Bei 200 Grad etwa 60 Minuten backen.

Ein solches Kuchenbrot konnte man auch mit anderen Zutaten zubereiten, so zum Beispiel mit getrockneten Pflaumen. Gab man Apfelschnitzel (frisch oder getrocknet) in den Teig, so bekam man ein Apfelbrot.

Jägertorte

Für den Teig:
5 Eier,
200 g Zucker,
1 P. Vanillezucker,
1 Prise Salz,
150 g Mandeln (fein gerieben),
100 g Mehl,
1 Teel. Backpulver

Für den Belag:
4 Eiweiß,
150 g Zucker,
250 g Mandeln (grob gerieben),
50 g Zitronatwürfel,
500 g eingemachtes Obst

Die Eier trennen. Eigelb mit Zucker, Vanillezucker und Salz cremig rühren. Die Mandeln und das mit Backpulver gemischte Mehl einrühren. Zum Schluß das steifgeschlagene Eiweiß unterheben. In eine gefettete Springform füllen und bei 175 Grad etwa 15 bis 20 Minuten backen. Für den Belag das Eiweiß mit dem Zucker zu steifem Schnee schlagen. Mandeln und Zitronat unterheben. Die Hälfte dieser Masse mit den Früchten leicht vermengen und auf den vorgebackenen Boden streichen. Darüber den Rest der Mandelmasse streichen. Bei 200 Grad nun 25 bis 30 Minuten backen.

Eine begrüßenswerte Errungenschaft unserer Zeit ist das Backtrennpapier, das das Festbacken von Kuchen verhindert. Früher mußte man das Backblech vorsichtig mit Butter, Speck oder Wachs bestreichen, damit man den Kuchen leicht vom 'Blech' lösen konnte. Jede Familie besaß eine Menge schwarzer Blechplatten und Blechformen. Nicht aus Blech, sondern aus Kupfer waren vor gut 300 Jahren die Backplatten. In Urkunden von Dollendorf ist im Jahr 1657 eine 'gross kupferne Tortenpfan' erwähnt. In Aachen ist 1683 eine 'kupfern Tartenpann mit dem decksell' beurkundet.

Brottorte

6 Eier,
180 g Zucker,
50 g Schokolade,
40 g geriebene Mandeln,
Zimt, Nelken,
Zitronenaroma,
1 Eßl. Rum,
180 g Schwarzbrot,
Puderzucker

Eier trennen. Eigelb und Zucker schaumig rühren. Schokolade und Mandeln reiben und einrühren. Mit Zimt, gemahlenen Nelken, etwas Zitronenaroma und Rum abschmecken. Dann das geriebene Schwarzbrot unterrühren. Zum Schluß das steifgeschlagene Eiweiß unterheben. In eine gefettete Springform einfüllen. Bei mittlerer Hitze etwa 45 Minuten backen. Mit einem Guß aus Puderzucker überziehen.

Diese Brottorte eignet sich gut zur Verwertung von trocken gewordenem Schwarzbrot. Das Rezept ist aus Eupen/Belgien vom Jahr 1905 überliefert. Kein Kuchen ohne Schwarzbrot! So sagt man in der Eifel und meint damit, daß man neben dem Kuchen das Brot nicht vergessen soll. Man nahm diesen Spruch aber auch wörtlich und belegte eine Scheibe Schwarzbrot mit einer Scheibe Trockenkuchen. Ausprobieren! Schmeckt gar nicht so übel! Wer sich nicht die Butter vom Brot nehmen läßt, kann die Scheibe Brot dick mit Butter bestreichen.

Rotweinkuchen

250 g Butter,
250 g Zucker,
4 Eier,
100 g Blockschokolade,
1-2 Teel. Zimt,
1 Eßl. Kakao,
250 g Mehl,

Butter, Zucker und Eier schaumig rühren. Die Blockschokolade fein raspeln und mit Zimt und Kakao in den Teig einrühren. Mehl mit dem Backpulver mischen, sieben und unterrühren. Die Hälfte des Rotweins vorsichtig hinzufü-

1 P. Backpulver,
1/4 l Rotwein,
Puderzucker

gen, bis ein weicher Rührteig entstanden ist. In eine gefettete Springform füllen und bei 175 Grad gut 60 Minuten bakken. Den abgekühlten Kuchen mit einem Guß aus Rotwein und Puderzucker bestreichen.

In den Weingebieten am Rande der Eifel gab es häufig Weinkuchen. Neben dem obigen Rezept war ein Weißweinkuchen bekannt. Dazu backte man einen normalen Sandkuchen und machte aus Wein und Puderzucker einen dünnflüssigen Guß, den man über den Kuchen goß, 'damit er ganz durchtränkt wird'. Möchte man, daß der Rotweinkuchen stark nach Rotwein schmeckt, sollte man auch hierfür den Guß möglichst dünnflüssig machen, so daß er etwas in den Kuchen einzieht. Weinkuchen soll man erst einen Tag später (oder mehrere Tage später) anschneiden.

Makronentorte

Für den Teig:
50 g Butter,
75 g Zucker,
½ P. Vanillezucker,
1 Ei, 2 Eigelb (s. Belag),
1 Prise Salz,
200 g Mehl,
2 Teel. Backpulver,
etwas Milch,
Paniermehl

Für den Belag:
50 g Butter,
2 Eßl. Wasser,
200 g Zucker,

Die weiche Butter mit dem Zucker und Vanillezucker schaumig schlagen. Ei und Eigelb (nicht zu kalt) mit einer Prise Salz verrühren und einrühren. Das Mehl mit dem Backpulver mischen und nach und nach unter Rühren einlaufen lassen. Soviel Milch hinzufügen, daß ein nicht zu dünner Rührteig entsteht. In eine eingefettete und mit Paniermehl bestreute Springform streichen. Für den Belag die Butter in einem Kochtopf schmelzen lassen, Wasser hinzugeben und den Zucker einrühren, bis er sich ganz gelöst hat.

2 Eiweiß,
200 g Kokosraspeln,
50 g Mehl,
1 Teel. Backpulver,
evt.
Aprikosenmarmelade

Eiweiß zu steifem Schnee schlagen. Die Kokosflocken und das mit Backpulver gemischte Mehl unterheben und das Eischnee-Gemisch in die handwarme Buttermasse geben. Diesen Belag auf den Teig verteilen. Den Kuchen auf der mittleren Schiene bei 200 Grad (Unterhitze) etwa 40 Minuten goldbraun backen. Man kann zwischen Teig und Makronen etwas Aprikosenmarmelade streichen.

Das Kochbuch 'Alles für ihn!' von 1961 überschreibt die Backrezepte mit "Der süße Mann und seine Wünsche". Hier ist von der 'Götterspeise' die Rede, womit allerdings nicht die 'wackelige' Nachspeise gemeint ist, sondern allgemein 'süße Mehlspeisen und Backwerk'. Die jungen Hausfrauen werden ermahnt: "Liebe ist kein Pudding, sondern eine Götterspeise. Götterspeisen für den süßigkeitsbedürftigen Gatten herzustellen, sei darum der besondere Stolz jeder jungen Hausfrau. Erliegt doch beinahe jeder Mann solchen süßen Aufmerksamkeiten, die liebevoll bereitet und noch liebevoller serviert, sein Herz höher schlagen lassen und in ihm so etwas wie ein festliches Gefühl hervorrufen." So backten die Frauen mit Liebe und Hingabe Kuchen als Götterspeise für den süßigkeitsbedürftigen Göttergatten.

Von nichts kommt nichts!

Apfelkrümelkuchen

Für den Teig:
100 g Butter,
75 g Zucker,
½ P. Vanillezucker,
1 Ei,
200 g Mehl,
½ P. Backpulver,
etwas Milch

Für den Belag:
500 g säuerliche Äpfel,
1 Eßl. Anis

Für den Streusel:
100 g Butter,
150 g Zucker,
½ P. Vanillezucker,
150 g Mehl

Einen Rührteig herstellen und auf ein gefettetes Tortenblech geben. Die Äpfel werden geschält, in Scheiben geschnitten, 'schneckenartig' auf dem Teig verteilt und mit ungemahlenem Anis bestreut. Die Streuselzutaten zu Krümel verkneten und auf die Äpfel geben. Den Kuchen bei 200 Grad etwa 30 Minuten backen.

Hatte man einen Hefeteig angesetzt, so backte man Streusel- oder Obstkuchen natürlich mit Hefe. Doch für einen einfachen Sonntag stellte man den Kuchen mit Rühr- oder Bröselteig her. Das war einfacher und ging schneller. Nahm man Streusel, so nannte man den Kuchen zur Unterscheidung des Hefestreusels meist Krümeltorte. Als Obst nahm man auch Birnen oder Beerenfrüchte- was eben gerade reif war. An erster Stelle stand aber auch hier der Apfel.

Der Apfel fällt nicht weit vom Stamm.

Feiner Apfelkuchen (Großmutters Art)

Für den Belag:
500 g säuerliche Äpfel,
75 g Zucker,
1 Zimtstange,
1 Zitrone

Für den Teig:
250 g Butter,
125 g Zucker,
4 Eier,
350 g Mehl,
1 P. Backpulver,
Paniermehl,
Puderzucker

Zunächst die Äpfel schälen und in Scheiben schneiden. Mit 75 g Zucker, einer Zimtstange und dem Saft der Zitrone in etwas Wasser kurz köcheln lassen. Abtropfen und auskühlen lassen. Für den Teig die weiche Butter mit dem Zucker schaumig rühren. Die Eier trennen. Eigelb und das mit Backpulver gemischte Mehl hinzugeben. Alles mit dem Rührgerät zu einem festen Teig verarbeiten. Eiweiß zu steifem Schnee schlagen und unter den Teig heben. Die Hälfte des Teigs in eine gefettete, mit Paniermehl ausgestreute Springform geben. Die Apfelschnitzeln gleichmäßig auf den Teig verteilen. Den restlichen Teig darüber streichen. Sofort in den leicht vorgeheizten Backofen schieben. Bei 180 Grad 40 bis 50 Minuten backen. Vor dem Servieren mit Puderzucker bestäuben.

Nicht von ungefähr gehörte der Apfel als Reichsapfel zu den königlichen bzw. kaiserlichen Reichsinsignien. Hier symbolisiert der Apfel als Sinnbild der Erdkugel die Weltherrschaft. Wer den Apfel in Händen hält, besitzt die Macht. Einen 'Apfeltest' machte bereits Ludwig der Fromme, der 813 zum Kaiser gekrönt wurde. Die Geschichte 'Der Apfelschnitz' hat Dr. Karl Simrock 1837 in Verse gesetzt:

Herr Ludewig zu Achen fein lang bei Tische saß,
Er war ein frommer Kaiser, der auch gern Äpfel aß.
Da standen seine Söhne vor ihm auf eine Zeit,
Er dacht: ich will erproben, wie ihr gehorsam seid.
Er rief dem Erstgeborenen: "Komm, ich befehle dir,
Thu auf den Mund, empfange den Apfelschnitz von mir."
Da rief Pipin der lange: "Herr Vater, seid ihr klug?
Kann selbst mir Äpfel schälen, bin wahrlich groß genug."
Da rief er seinem Zweiten: "So öffne du den Mund
Und nimm aus meinen Händen den Schnitz in deinen Schlund."

Da kniete Ludwig nieder vor seines Vaters Sitz:
"Wie ihr befehlt, mein Vater" und nahm den Apfelschnitz.
Da sprach der fromme Kaiser: "Ein Königreich ist dein,
Das weite Land der Franken, das soll dein Erbe sein."
Und zu dem dritten sprach er, er war Lothar genannt:
"Den Apfelschnitz empfange, mein Sohn, aus meiner Hand."
Der kniete willig nieder vor seines Vaters Sitz:
"Dir wird die Kaiserkrone mit diesem Apfelschnitz."
Als das Pipin erhörte, da war er auch nicht faul,
Gar willig kniet' er nieder und sperrte weit das Maul.
Der Kaiser sprach: "Mitnichten, hast dich zu lang verweilt,
Für dich ist nichts mehr übrig, mein Apfel ist vertheilt."
Darnach ist aufgekommen ein Sprichwort weit und breit,
Seit Ludewig dem Frommen: Sperr auf zu rechter Zeit.

Rhabarberkuchen

500 g Rhabarber,
150 g Butter,
100 g Zucker,
1 P. Vanillezucker,
1 Prise Salz,
3 Eier,
150 g Mehl,
75 g Mandeln,
1 ½ Teel. Backpulver

Rhabarber putzen, in 5 cm lange Stücke schneiden, in eine Schüssel geben, mit kochendem Wasser übergießen und gleich wieder abschütten und abtropfen lassen. Für den Rührteig Butter und Zucker schaumig rühren. Die Eier mit einer Prise Salz verrühren und zu dem Butter-Zukker-Gemisch geben. Das Mehl mit den gemahlenen Mandeln und dem Backpulver mischen, löffelweise zu dem Teig geben und mit einem Rührgerät verrühren. Den Teig in eine gefettete Springform geben und mit den Rhabarberstückchen belegen. Bei 180 Grad etwa 35-45 Minuten backen.

Rhabarber hat man entweder in Massen im Garten oder überhaupt nicht. Hat man ihn in Mengen, so sollte man sich auf Vorrat Rhabarberkuchen backen und einfrieren. Vor Gebrauch kurz in den Backofen gestellt, schmeckt er wie frisch. Früher begnügte man sich mit dem einfachen Rhabarberkuchen lt. obigem Rezept. Heute ziert man ihn gerne mit einer Baisermasse. Dazu schlägt man 2 Eiweiß mit 120 g Zucker und 1 Teel. Zitronensaft. Diesen Guß streicht man auf den fast fertig gebackenen Kuchen und läßt ihn 10 Minuten mitbacken. Der Guß läßt sich auch auf den gefrorenen Rhabarberkuchen füllen, der dann beim Auftauen kurz gebakken wird.

Blaubeerkuchen

Für den Teig:
65 g Butter,
65 g Zucker,
1 P. Vanillezucker,
2 Eier,
1 Prise Salz,
125 g Mehl,
3 Eßl. Grießmehl,
1 ½ Teel. Backpulver

Für den Belag:
3 Zwiebäcke,
750 g Blaubeeren

Für den Guß:
1 Ei,
150 g Schmand,
100 g Zucker,
2 Teel. Speisestärke

Aus den Zutaten für den Teig einen nicht zu flüssigen Rührteig herstellen und in eine Springform füllen. Den Rand etwas hochdrücken. Diesen Boden mit geriebenem Zwieback bestreuen und mit den Blaubeeren belegen. Bei 180 Grad gut 30 Minuten backen. Für den Guß das Ei trennen und Schmand, Zucker, Speisestärke und Eigelb verrühren. Das steifgeschlagene Eiweiß darunterheben und auf den vorgebackenen Kuchen streichen. Nochmals 15 Minuten backen lassen.

Blau- oder Waldbeeren wurden früher ausschließlich selbst gepflückt. War man fündig geworden, so belohnte man sich mit diesem leckeren Obstkuchen. Daß alle zur Ernte der Waldbeeren auszogen, hat Clara Viebig 1919 in der Novelle 'Das Kind und das Venn' beschrieben: "Jetzt war die schönste Zeit fürs Venndorf gekommen: die Heide blühte, und dazwischen reiften die Preiselbeeren. Die Schule hatte Ferien gegeben, damit alle, alle hinauslaufen konnten und von dem köstlichen Obst einsammeln. Trüppchen von Kindern und Alte, die nichts Rechtes mehr daheim nutzten, und auch Weiber, die sonst wacker in Haus und Hof schafften, alle zogen aus."

Aachener Spieß

250 g Butter,
250 g Zucker,
1 P. Vanillezucker,
2 Eier,
500 g Mehl,
1 P. Backpulver,
1/8 l Milch,
750 g Apfelkraut

Die Butter mit dem Zucker, Vanillezukker und den Eiern verrühren. Nach und nach das mit Backpulver gemischte Mehl dazu rühren. Sobald der Teig zu schwer wird, die Milch hinzufügen. 2/3 dieses Teiges in eine Springform geben und etwa 20 Minuten bei 175 Grad backen. Dann das Apfelkraut darüber streichen. Aus dem restlichen Teig Streifen formen und gitterförmig über das Apfelkraut legen. Den Apfelkrautkuchen jetzt nochmals für 20 Minuten backen.

In Aachen nennt man auch den mit Mus von gedörrtem Obst belegten 'schwarzen Fladen' Spießfladen. Die Begründung: "Einst rumorten bettelnde Burschen so lange vor den Häusern, bis man ihnen auf spitzen Degen ein Stück Fladen spießte." Die Soldaten nannten einen Hefe-Eierkuchen Spießkuchen. Vor 400 Jahren schrieb ein Dominikaner in einem Kloster-Kochbuch: "Wenn du backen willst einen Eierkuchen, den die Kriegsleute auch Spießkuchen zu nennen pflegen, so nimm guten süßen Milchrahm oder Sahne und einen oder zwei Eßlöffel voll Hefen. Ist der Spieß groß, so mußt du auch mehr Hefen nehmen..."

Der Jugend Fleiß
ist des Alters Preis!

Rübenkrautkuchen (Kriegskuchen)

125 g Sirup,
125 g Zucker,
500 g Mehl,
½ Teel. Pfeffer,
2 Teel. Nelken,
2 Teel. Anis,
1 Messerspitze Natron,
Buttermilch

Sirup und Zucker etwas wärmen und verrühren. Das Mehl und die Gewürze einrühren. Soviel Buttermilch unterrühren, daß der Teig nicht zu steif ist. In eine eingefettete Kasten- oder Kranzform füllen und bei mittlerer Hitze etwa 60 Minuten backen.

Sirup sagt man in der Eifel häufig für Obst- und Rübenkraut. In der Nordeifel und im weiten rheinischen Flachland ist der Name 'Seem' gebräuchlich. Zuckerüben und süße Äpfel wurden an eine Krautfabrik geliefert, von der man dann seinen Anteil erhielt. Seem galt zeitweise als Brotaufstrich der armen Leute. Heute sind besonders Apfel- und Pflaumenkraut sehr beliebt.

Möhrentorte

250 g Möhren,
175 g Butter,
250 g Zucker,
4 Eigelb,
½ Teel. Nelken,
1 Messerspitze Zimt,
300 g gem. Mandeln (oder Nüsse),
100 g Mehl,
½ P. Backpulver,
4 Eiweiß

Die Möhren schälen und reiben. Butter, Zucker und Eigelb schaumig rühren. Nelken, Zimt, Mandeln und das mit Backpulver gemischte Mehl zugeben und alles vermischen. Zum Schluß die Möhren und das zu Schnee geschlagene Eiweiß unterheben. Teig in eine gefettete Tortenform füllen und bei 175 Grad etwa 50 bis 60 Minuten backen.

Heute wird die Möhrentorte gebacken, weil sie gesund ist und gut schmeckt. Während der beiden Weltkriege wurde sie als 'Kriegskuchen' in vieler Form gebacken, so zum Beispiel mit gelben Rüben. Die Eier konnten durch Ersatzpulver und die Mandeln durch Grieß ersetzt werden. Auf die Butter mußte man notfalls verzichten. In guten Zeiten war für den Sonntagskuchen ausschließlich Butter gut genug, natürlich nur gute, selbstgemachte Butter. "Botter im Mond ös em Moge (Magen) gesond", heißt es in Trier. Daß frische Butter wie frisches Brot am besten schmeckt, weiß folgende Eifler Redensart: "Brut vun em Dag, Butter vun er Stunn, dat schmacht dem Munn" (Brot von einem Tag, Butter von einer Stund', das schmeckt dem Mund). Schaut man in der Nordeifel von einem Hügel weit ins Kölner Land, so sagt man: "Ech kann sehn, wat en Kölle de Butter kos."

Donauwellen

250 g Margarine,
250 g Zucker,
1 P. Vanillezucker,
5 Eier,
450 g Mehl,
1 P. Backpulver,
1 Eßl. Milch,
2 Eßl. Kakao,
Rumaroma,
2 Gläser Sauerkirschen,
2 P. Puddingspulver,
Schokoladenguß

Einen Rührteig herstellen: Margarine, Zucker und Vanillezucker schaumig rühren, Eier unterrühren. Das Mehl mit dem Backpulver mischen, sieben und zum Teig geben. Mit wenig Milch glattrühren. Den Teig halbieren. Die eine Hälfte auf ein mit Backpapier ausgelegtes Backblech streichen. In die restliche Teigmasse den Kakao und etwas Rumaroma (nach Geschmack) einrühren. Den dunklen Teig über den hellen Teig streichen. Sauerkirschen aus dem Glas gut abtropfen lassen und auf den dunklen Teig verteilen. Bei 200 Grad etwa 20 Minuten backen lassen. Nach dem Erkalten streicht man auf die Torte einen nicht zu weichen Pudding (Vanille-, Sahne-, Mandel- oder Nußgeschmack). Einen Schokoladenguß im Wasserbad auflösen und über den Donauwellenkuchen streichen.

Der Donauwellenkuchen gehört eigentlich nicht zur Alt-Eifler-Küche, doch in der Neu-Eifler-Küche hat er seinen festen Platz. An einer Kaffeetafel wurde das Rezept wohl weitergegeben und eroberte bald die Geschmacksnerven der Eifler. Bei einer großen Kaffeetafel dürfen die 'Donauwellen' heute nicht fehlen. Die Grundform ist meist überall gleich: Heller Teig, dunkler Teig (oder umgekehrt) und darauf die Kirschen. Bei der Creme sind jedoch die 'Geschmäcker' verschieden. Zunächst wurde meist eine Buttercreme genommen, heute wählt man eher einen Pudding verschiedener Geschmacksrichtungen. Ein fertiger Pudding erleichtert die Arbeit. Nimmt man eine Quarkcreme, so nennt man den wellenförmigen Kuchen Rotkäppchen- oder Schneewittchentorte. Zu der märchenhaften Festtagstorte paßt am besten Schneewittchen, denn sie war ein Mädchen so weiß wie Schnee, so rot wie Blut, so schwarz wie Ebenholz, und diese drei archaisch-göttlichen Farben sind in diesem Kuchen vereint.

Nur Satte träumen von Kuchen,
wer Hunger hat,
der träumt von Brot.

Nougat-Torte

3 Eier,
200 g Zucker,
4 Eßl. Wasser,
½ Zitrone,
100 g Weizenmehl,
½ P. Backpulver,
100 g Speisestärke

Für die Füllung:
75 g Zucker,
1 P. Vanillezucker,
1-2 Eier,
1/4 Pfd. geriebene Schokolade,
60 g geriebene Mandeln,
1/4 Pfd. Palmin,
geschnittene Mandeln

Handschriftich ist das Rezept aus der Südeifel folgendermaßen überliefert: 3 Eigelb werden mit dem Zucker, 4 Eßl. Wasser und Saft und Schale der Zitrone schaumig gerührt. Nach und nach fügt man das mit dem Backpulver vermengte und gesiebte Mehl sowie Gustin (Speisestärke) hinzu und verrührt alles glatt. Zuletzt hebt man den steifen Schnee unter den Teig und tut ihn in eine gut eingefettete Springform und backt ihn bei gelinder Hitze. Zubereitung der Füllung: Zucker, Vanillezucker und Eier werden schaumig gerührt; man gibt löffelweise die geriebene Schokolade und Mandeln hinzu, zuletzt das flüssig gewordenen Palmin und mischt alles gut untereinander. Den erkalteten Tortenboden schneidet man in drei Teile, bestreicht sie mit der Nougatmasse, legt sie wieder aufeinander und verziert sie mit geschnittenen Mandeln.

Nougat ist eine 'Süßware aus Kakao, Zucker, fein zerriebenen Mandeln oder Nüssen'. Das Wort Nougat kommt aus dem Französischen und ist seit dem 19. Jahrhundert in Deutschland üblich. Im Wortkern steckt das provenzalische noga sowie das lateinische nux für Nuß, Kern. Auch in der Bezeichnung nuklear versteckt sich diese Abstammung. Zum Auftragen von Nougat, Rübenkraut oder Obstmus (Tütt) besaß jede Hausfrau eine 'Tartentruffel', eine Art Kelle.

Schichttorte

250 g Butter,
250 g Zucker,
7 Eier (getrennt),
125 g Weizenmehl,
125 g Kartoffelmehl,
1 Messerspitze Backpulver,
geriebene Mandeln,
1 P. Vanillezucker,
Zitronenschale

Für den Guß:
175 g Puderzucker,
etwas Butter, Wasser

Butter und Zucker schaumig rühren. Eier trennen und das Eigelb nach und nach zu dem Teig geben. Dann das Mehl, Backpulver, die Mandeln und die Geschmackszutaten unterrühren. Zuletzt das steifgeschlagene Eiklar unterziehen. Etwas Teig ganz dünn in eine Springform einstreichen, die Form auf den Kuchenrost setzen und diesen auf die zweite Schiebeleiste von unten einschieben. Diese erste Schicht etwa 15 Minuten bei guter Mittelhitze goldgelb backen. Dann die zweite Schicht aufstreichen. Diese bei Oberhitze 8 bis 10 Minuten backen und dann die folgende Schicht aufstreichen, etwa 8 Minuten backen und so weiter. Die fertige Schichttorte soll mindestens aus acht, höchstens aus 12 Schichten bestehen. Für den Guß rührt man den gesiebten Puderzucker mit etwas flüssiger Butter (walnußgroßes Stück) und soviel heißem Wasser glatt, daß eine dickflüssige Masse entsteht. Diesen Guß streicht man über die Schichttorte.

Heute scheut man oft den Zeitaufwand, den die Schichttorte fordert. Das Auftragen der einzelnen Schichten läßt sich aber gut 'nebenbei' bei der Hausarbeit machen. Mit obigem Teig stellte man auch einen Baumkuchen her, dabei rollte man die Schichttorte auf und übergoß sie mit einem Zukkerguß. Die einzelnen Schichten konnten die Jahresringe eines Baumes anzeigen. Einen speziellen Baumkuchen beschreibt das nachfolgende Rezept.

Baumkuchen

250 g Butter,
4 Eier,
250 g Zucker,
200 g Mehl,
65 g Stärkemehl,
½ P. Backpulver,
1 Zitrone,
1 P. Vanillezucker,
Kardamon,
125 g Butter,
125 g Staubzucker,
Marmelade

Die weiche Butter, Eigelb und Zucker rührt man schaumig und gibt nach und nach das Mehl, Stärkemehl, Backpulver, den Saft der Zitrone und die abgeriebene Zitronenschale, den Vanillezucker sowie etwas Kardamon hinzu. Alles rühren ('eine Stunde lang', wird in dem alten Rezept empfohlen). Dann den festgeschlagenen Eischnee unterheben. Nun bäckt man bei mittlerer Hitze vier Kuchen, von denen jeder etwas kleiner ist als der vorhergehende. Die Kuchen sollen hellbraun sein. Die Butter und den Puderzucker rührt man recht schaumig zu einer Buttercreme. Die fertigen Kuchen bestreicht man abwechselnd mit Buttercreme und mit einer Fruchtmarmelade, legt sie aufeinander und gibt oben wieder Creme und Marmelade darauf. Die vorstehenden Ränder verziert man mit Creme- und Marmeladehäufchen.

Baumkuchen wurde in der Eifel in vieler Form gebacken, so nicht nur aus Rührteig, sondern auch aus Biskuitteig (s. Baumstamm). Inzwischen haben die Konditoren spezielle Maschinen, um die unterschiedlich großen Baumringe aufzutürmen. Sie fügen noch bestimmte Gewürze hinzu. Welche Gewürze das sind, verraten sie leider nicht.

Mürbeteig

Mürbeteig-Tortenboden

125 g Mehl,
60 g Butter,
50 g Zucker,
1 Eigelb,
1 Pr. Salz,
Rum oder Arrak,
Obst
1 Pr. BP

Mehl auf die Arbeitsfläche geben, kalte Butter, Zucker, Eigelb, Salz und etwas Rum oder Arrak hinzufügen und mit kalten Händen zu einem Mürbeteig verarbeiten. In eine Tortenbodenform füllen und etwa 35 Minuten bei Mittelhitze backen. Mit Obst (oder auch Creme) belegen.

Wenn wir vom Alter der Teige in der Eifel sprechen, hat der Hefeteig das höchste Alter. Aber auch die anderen Teigarten sind bekannt und altbewährt. Das Trierer Kochbuch (Erstauflage 1857) enthält bereits ein Rezept 'Mürber Teig zu Obsttorten'. Für den Obstbelag wird empfohlen: "Man kann diesen mürben Teig mit allen Sorten frischer oder eingemachter Früchte belegen zu Torten. Im ersteren Falle (frisches Obst) legt man diese entkernt ohne Vorbereitung auf den Teig oder läßt sie zuerst etwas in Zucker mit Wasser kochen." Auch als kleine Törtchen war der Mürbeteigboden (wie der Biskuitboden) beliebt. Dazu wurde der Teig ausgerollt und mit einem runden Tortenförmchen (oder mit dem Messer) ausgestochen und diese dann aufs Blech gesetzt und gebacken. Auch diese Torteletts (auch Liebesgrübchen genannt) wurden mit Obst belegt. Gerne unterlegt man noch eine Schicht Pudding.

Stachelbeertorte

Für den Boden:
125 g Mehl,
60 g Butter,
50 g Zucker,
1 Eigelb,
1 Pr. Salz

Für den Belag:
1 ½ Pfd. Stachelbeeren,
500 g Zucker,
etwas Zimt,
Zwieback

Aus Mehl, kalter Butter, Zucker und Eigelb stellt man einen Mürbeteigboden her, der mit einer Prise Salz gewürzt wird. Im Trierischen Kochbuch heißt es weiter: Man nehme 1 ½ Pfund Stachelbeeren, 1 Pfund geriebenen Zucker und etwas Zimt. Man rolle Zweidrittel des Teiges zu einem Unterblatt nicht zu dünn aus, weil sonst der Saft der Stachelbeeren es durchdringen würde, und bestreue den Boden dick mit fein gestoßenem Zwieback. Unterdes bringe man die Stachelbeeren, mit kaltem Wasser aufs Feuer gesetzt, nicht völlig zum Kochen, wodurch sie sehr viel von ihrer Säure verlieren, lege sie zum Abtröpfeln auf ein Sieb und danach auf den Kuchen, wobei ein zweifingerdicker Rand frei bleibe. Sind die Stachelbeeren sehr dick, so bedecken sie den Kuchen nicht, man schneide sie deshalb durch und lege die Schnittseite nach unten. Dann bestreue man sie mit Zucker und Zimt, schlage den Rand herüber und backe den Kuchen (gut 30 Minuten).

Wenn wir heute -beim Kuchenessen- an die Figur denken und Kalorien zählen, vergessen wir, daß nach dem Zweiten Weltkrieg die Kalorienberechnung eine andere Bedeutung hatte. Von 1946 heißt es zum Beispiel: "Die Menschen leiden unter Hunger. 2.000 Kalorien soll der Normalverbraucher am Tag bekommen, aber meist erhält er nicht einmal 1.000. Vielen droht buchstäblich der Hungerstod." 1947 erfolgte ein Appell an die Besatzungsmächte, das deutsche Volk vor dem Verhungern zu retten. Auf Lebensmittelkarten gab es nur noch 800 Kalorien- und dafür mußte man noch lange anstehen. In dem Appell heißt es: "Unter diesen Umständen sind ein Arbeiten und ein Weiterleben unmöglich." Natürlich sparte man nicht mit guten Ratschlägen für billige Rezepte. So wurde ein Kuchen empfohlen, der von einem Brei aus Mais, Wasser, etwas Zucker, eine Prise Salz und 'irgendein Backpulver' gebacken wurde. Fast zynisch heißt es zum Schluß dieses Nachkriegsrezeptes: Guten Appetit!

Allzeit fröhlich ist gefährlich,
Allzeit traurig ist beschwerlich,
Allzeit glücklich ist betrüglich,
Eins ums andre ist vergnüglich.

Mohn-Torte

Für den Mürbeteig:
250 g Mehl,
½ Teel. Backpulver,
1 Prise Salz,
1 Ei,
100 g Zucker,
125 g Butter

Für die Füllung:
500 g gemahlenen Mohn,
200 g Zucker,
200 g Margarine,
2 Eier,
1 P. Vanillezucker,
3/4 l Grießbrei

Mehl und Backpulver auf die Arbeitsfläche sieben und in die Mitte eine Mulde drücken. Salz und das Ei in die Mulde geben. Den Zucker und die in Flöckchen geteilte kalte Butter auf den Rand legen. Mit zwei Besteckmessern alle Zutaten hacken, bis sie sich feinbröselig gemischt haben. Nun die Hände unter kaltem Wasser stark kühlen, sehr gut abtrocknen und alle Zutaten rasch von außen nach innen zu einem glatten Teig verkneten. Kühl stellen! Die Zutaten für die Füllung mischen. Zum Schluß den mit Wasser gekochten Grießbrei darunterheben. Den Mürbeteig in eine Springform füllen und die Ränder bis oben hochziehen. Die Füllung darauf geben. Bei 220 Grad etwa 60 Minuten backen.

Das alte Rezept kann vielerlei abgewandelt und ergänzt werden. So kann man noch Streusel aufstreuen. Wer nicht soviel Mohn nehmen möchte, kann ein Gemisch aus Mohn, gemahlenen Nüssen und geraspelten Äpfeln herstellen.

Mit einem Abguß von Mohn wurden 'in früheren Zeiten' oft Säuglinge ruhig gehalten. Der Schlafmohn hat viele mundartliche Namen: Juffer, Jufferblume, Klatschblohm, Püppchen, Üelche und viele andere.

Apfelkuchen mit Viez

200 g Mehl,
1 Teel. Backpulver,
1 Prise Salz,
75 g Butter,
75 g Zucker, 1 Ei,
1,5 kg Äpfel,
2 Vanillepuddingpulver,
3/4 l Viez,
Zucker-Zimt

Einen Mürbeteig aus Mehl, Backpulver, Salz, Butter, Zucker und Ei herstellen und für eine Stunde in den Kühlschrank stellen. Die Äpfel schälen, entkernen und in Scheiben schneiden. Laut Anweisung einen festen Vanillepudding mit dem Viez (Apfelwein) kochen. Die Äpfel in den Pudding geben. Den Teig in eine gefettete Springform geben, Ränder hochziehen und die Apfel-Puddingmasse darüber streichen. Bei 180 Grad eine Stunde backen. Den abgekühlten Kuchen mit einem Zukker/Zimt-Gemisch bestreichen.

Mit Viez bezeichnet man in der Eifel allgemein den Apfel- bzw. Birnenwein, manchmal werden auch Äpfel und Birnen gemischt. 'Godenäpfel' nennt man eine Apfelsorte, die in der Eifel noch wild wächst. Das Wort erinnert an die 'Gode', die Patin, die ihre Godengabe für ihren Schützling in Form von Godenäpfeln bringen konnte, denn der Apfel steht in der Symbolik u.a. als Lebensapfel für langes Leben. Die winzigen Godenäpfel schmecken erst, wenn sie einige Zeit gelagert wurden. Sie eignen sich vorzüglich zum Backen.

Spare sehr!
Die Zeiten sind schwer.

Kartoffel-Apfelkuchen

250 g Mehl,
2 Teel. Backpulver,
1 Prise Salz,
50 g Butter,
125 g Zucker,
125 g gekochte Kartoffeln,
1 Ei, 1 P. Vanillezucker,
50 g Semmelmehl,
500 g Äpfel,
100 g Rosinen,
Zucker, Zimt

Das Mehl mit dem Backpulver verrühren und mit Salz, Butter und Zucker zu einem krümeligen Mürbeteig verarbeiten. Die Kartoffeln durch die Presse geben und mit dem Ei und dem Vanillezucker mischen und zu dem Teig geben. 2/3 des Teigs in eine gefettete Springform füllen und mit Semmelmehl bestreuen. Die kleingeschnittenen Äpfel und die Rosinen darauf verteilen und mit Zucker und Zimt bestreuen. Darüber die restlichen Krümel geben und bei 180 Grad gut 30 Minuten backen.

Dieser Kartoffel-Apfel-Krümelkuchen ist ein Kriegsrezept. Da der Kuchen kalorienarm ist, kann er auch heute empfohlen werden. Wie beim Brot, verzichtete man auch beim Kuchenbacken nicht ganz auf die heiß geliebten Kartoffeln. Wenn der Kuchen auch noch so einfach war, so servierten die Hausfrauen diesen doch auf einer schönen Kuchenplatte, meist ein altes Erbstück.

Arbeit und Fleiß, das sind die Flügel!
Sie führen über Berg und Hügel!

Kirschkuchen

300 g Butter,
100 g Zucker,
2 Eidotter,
500 g Mehl,
1 P. Backpulver,
1 Glas Kirschen

Für den Guß:
Saft der Kirschen,
4 Eidotter,
½ Tasse säuerlicher Rahm (Schmand),
Zucker, Zimt

Das alte Rezept von 1901 lautet: Die Butter wird gut ausgewaschen, zu Schnee gerührt und dann alles andere hinein gerührt, der Teig aufgemengelt, ein runder oder viereckiger Kuchen mit hohem gerolltem Rande geformt und die gut abgetropften eingelegten Sauerkirschen, Amarellen oder was man eben hat und verwenden will, dicht nebeneinander darauf gelegt. Dann schiebt man denselben auf einem gebutterten mit etwas Mehl besiebtem Blech in die mittelheiße Ofenröhre und bäckt ihn halb gar. Indessen fertigt man folgenden Guß an: Der Saft der eingelegten Kirschen, 4 Dotter, ½ Tasse dicker, säuerlicher Rahm, Zucker und Zimt werden tüchtig zusammen gequirlt und dann vorsichtig über den halb gebackenen Kuchen verteilt. Dann vollends fertig backen. Er kann warm und kalt gegeben werden (Backzeit insgesamt etwa 45 Minuten. Es eignen sich auch Pfirsiche oder anderes Obst für diesen Mürbe-'Blitzkuchen'.)

Immer wieder bemühte man sich, den Obstbau in der Eifel zu fördern. Wiederholt wurden die Eifeler in der Vergangenheit gebeten, Obstbäume zu pflanzen. Der Trierische Bauernkalender von 1916 empfahl: "Haben Großeltern, Eltern oder Kinder Namens- oder Geburtstag, so weiß man oft nicht, wie man sich diesen gegenüber dankbar erzeigen oder sie ehren soll. Ein schönes und zugleich wertvolles Geschenk ist ein guter Obstbaum. Ist er gar an dem Ehrentag oder zur Erinnerung an diesen gepflanzt worden, so ist er ein bleibendes Denkmal der gezollten Liebe und Anhänglichkeit."

Traubentorte

75 g Butter,
3 Eßl. Honig,
2 Eigelb,
200 g Weizen,
75 gemahlene Haselnüsse,
geriebene Mandeln,
500-1000 g Trauben,
4 Eiweiß,
50 g Zucker

Einen Mürbeteig herstellen, dazu sollten alle Zutaten -auch die Hände- möglichst kalt sein. Butter mit dem Honig und zwei Eigelb verrühren. Das Mehl mit den Nüssen mischen, auf die Arbeitsfläche sieben und eine Mulde eindrücken. Das Butter-Gemisch eßlöffelweise hinzugeben und unterkneten. Den Teig zur Kugel formen und eine Stunde lang zugedeckt kühl stellen. Die Trauben waschen, abtrocknen und abzupfen. Den gekühlten Teig ausrollen, eine Tortenform damit auskleiden und einen Rand andrücken. Den Boden mit geriebenen Mandeln bestreuen und mit Trauben belegen. Für etwa 20 Minuten im vorgeheizten Ofen bei 180 Grad backen. Eiweiß mit dem Zucker steifschlagen und auf die Torte geben. Dann nochmals 20 Minuten backen.

Vom Südrand der Eifel und von der Mosel ist die Traubentorte überliefert. Mürbeboden kann natürlich auch mit anderem Obst belegt werden, zum Beispiel mit Äpfeln. Wer von Trauben spricht, meint stets die Weintraube. Andere Trauben sind genauer zu benennen, so zum Beispiel die Johannistrauben (Johannisbeeren). Manchem hängen die Trauben zu hoch, anderen sind sie zu sauer.

Käsekuchen

Für den Teig:
250 g Mehl,
½ P. Backpulver,
75 g Zucker,
1 P. Vanillezucker,
100 g Butter,
2 Eigelb

Für den Belag:
1 ½ Pfd. Quark,
4 Eier (trennen),
225 g Zucker,
1 ½ P. Vanille-Puddingpulver,
3/4 l Milch

Aus den Zutaten für den Teig einen Mürbeteig herstellen. Den Boden einer Springform damit auslegen und einen Rand hochziehen. Kühl stellen.

Für den Belag Quark, Eigelb und Zucker mischen. Einen Vanillepudding aus 1 ½ Päckchen Puddingpulver mit 3/4 l Milch nach Vorschrift kochen und abgekühlt zu der Quarkmasse geben. Die Masse auf den Boden geben und bei 180 Grad etwa 75 Minuten backen. Das mit Zucker steifgeschlagene Eiweiß über den Kuchen streichen und nochmals 15 Minuten backen.

Es gibt zahlreiche Käsekuchenrezepte. Wer gerne und regelmäßig backt, hat natürlich längst die eigene Spezialität des Hauses kreiert. Ansonsten bietet sich das obige Rezept an. Die Quarkmasse kann man mit etwas Speisestärke oder Gelatine andicken. Man kann Sahne hinzugeben oder auch Obst, früher häufig Birnen, aber auch Mandeln oder Nüsse. Für einen Käse-Sahnekuchen kann man den Boden teilen und mit dem Sahnequark und Obst füllen. Den Deckteig kann man als Streusel darüber zupfen, dann hat man einen Käse-Zupfkuchen. Bei einem Käsekuchen sind dem Einfallsreichtum keine Grenzen gesetzt.

Schmand-Obsttorte

Für den Teig:
200 g Mehl,
1 Teel. Backpulver,
1 Prise Salz,
65 g Zucker,
1 P- Vanillezucker,
100 g Butter, 1 Ei

Für den Belag:
3/4 l Milch,
2 P.
Vanille-Puddingpulver,
100 g Zucker,
3 Becher Schmand je
200 g,
Obst nach Belieben

Einen Mürbeteig herstellen. Dazu Mehl mit Backpulver mischen, auf die Arbeitsfläche geben. Die anderen Zutaten vom Rande aus unterkneten. Den Teig kühlstellen. Mit der Milch und 2 Päckchen Vanille-Puddingpulver und Zucker einen Pudding nach Vorschrift kochen. Den Pudding abkühlen lassen. Dann den Schmand darunter rühren. Den Teig in eine gefettete Springform geben, den Rand hochziehen und den Schmand-Pudding darauf verteilen. Man kann den Kuchen mit Obst belegen oder das Obst in den Pudding einrühren. Den Schmandkuchen bei 200 Grad etwa 60 Minuten im Backofen backen. Den Kuchen in der Kuchenform abkühlen lassen.

Früher belegte man diesen Kuchen gerne mit verschiedenen Beerenfrüchten: Himbeeren, Brombeeren, Stachelbeeren sowie schwarze oder rote Johannisbeeren. Waren die Beerenfrüchte zur gleichen Zeit reif, konnte man einen bunten Obst-Schmandkuchen backen. Heute nimmt man gerne Mandarinen als Belag.

Wer Brot gibt,
findet Brot.

Apfel im Schlafrock

Für den Mürbeteig:
250 g Mehl,
1 Teel. Backpulver,
75 g Zucker,
1 P. Vanillezucker,
125 g Butter,
2 Eßl. saure Sahne,
2 Eigelb

Für die Füllung:
4-6 Äpfel,
Marmelade,
100 g Mandelstifte,
2 Eigelb

für den Guß:
100 g Puderzucker,
1-2 Eßl. Zitronensaft

Mehl mit Backpulver mischen und auf die Arbeitsfläche geben. Mit Zucker, Vanillezucker, Butter, saurer Sahne und Eigelb rasch zu einem Mürbeteig verarbeiten. Diesen eine Stunde kalt stellen. Die Äpfel schälen und aushöhlen, mit Marmelade (Johannisbeermarmelade, Holundergelee o. a.) und Mandelstiften füllen. Den Teig ½ cm dick ausrollen. Vierecke schneiden und auf jedes Viereck einen Apfel stellen. Ecken des Quadrates über den Apfel zusammenschlagen und mit Eigelb bestreichen. Etwa 20 Minuten bei guter Mittelhitze backen. Für den Guß rührt man den gesiebten Puderzucker mit so viel Zitronensaft glatt, daß eine dickflüssige Masse entsteht. Die noch warmen Äpfel im Schlafrock werden damit bestrichen.

Den 'Apfel im Schlafrock' nennt man in der Nordeifel 'Appel am Hemb', 'Appelmick' und 'Appelmoll'. In Berg vor Nideggen wurden solche Apfelzuschläge für die Hilfskräfte beim Dreschen gebacken. Man nannte sie dort 'Fuume' und die Dreschmaschine in Ableitung dazu 'Fuumekaste'. In einem handgeschriebenen Rezept aus Trier wird empfohlen, die Äpfel 'mit Rosinen oder Zibeben' zu füllen. Zibeben sind Rosinen einer sehr süßen Rebsorte. Wie bei dem Rezept für Apfeltaschen (Hefeteig) beschrieben, kann man 'Apfel im Schlafrock' auch mit einem Rest vom Hefeteig herstellen.

Verschiedene Teigarten

Biskuit-Tortenboden (Erdbeeren)

4 Eier, 4 Eßl. Wasser,
125 g Zucker,
100 g Mehl,
3 Eßl. Speisestärke,
1 Messerspitze Backpulver,
Erdbeeren, Sahne

Die Eier trennen. Eigelb mit dem heißen Wasser zusammen schaumig schlagen. Zucker zugeben und noch 5 Minuten weiter schlagen. Auf diese Masse den steifgeschlagenen Eischnee geben, das gesiebte, mit Stärkemehl und Backpulver gemischte Mehl darüber geben und leicht unterheben. Den Teig in eine Tortenbodenform füllen. In den heißen Backofen geben. Bei guter Mittelhitze etwa 30 Minuten backen. Den Backofen ausschalten und den Tortenboden noch 10 Minuten im Ofen stehen lassen. Mit frischen Erdbeeren belegen und mit Sahne servieren.

Höchstens einmal im Jahr und nur bei reicher Ernte gab es früher eine Erdbeertorte. Waren die süßen Früchtchen schon zu Fronleichnam reif, kam in manchen Familien an diesem Festag eine Erdbeertorte auf den Kaffeetisch. Ansonsten wurden die Erdbeeren zu Marmelade verarbeitet.

Die Rezepte mit doppelten Biskuitböden und Buttercreme- oder Sahnefüllung stammen erst aus unserer Zeit.

Biskuitrolle

4 Eier, 4 Eßl. Wasser,
160 g Zucker,
abger. Zitronenschale,
100 g Weizenmehl,
1 Teel. Backpulver,
Marmelade,
Puderzucker

Eier trennen. Die Eigelb, das heiße Wasser, Zucker und Zitronenschale werden dickschaumig geschlagen. Fügen Sie das mit Backpulver gesiebte Mehl hinzu und ziehen Sie zuletzt den Eischnee unter den Teig. Ein Backblech wird mit gefettetem Pergamentpapier (oder Backtrennpapier) ausgelegt. Streichen Sie den Teig darauf und backen Sie ihn bei mäßiger Hitze in 12-15 Minuten goldgelb. Nach dem Backen wird der Biskuit sofort auf ein Handtuch gestürzt und das Papier entfernt. Gleichmäßig mit Marmelade bestreichen und den Biskuit mit Hilfe des Handtuches aufrollen. Die Biskuitrolle wird mit Puderzucker bestäubt.

Heute werden Biskuitrollen oder -rouladen meist mit Zitrone-, Himbeer- oder Erdbeersahne gefüllt. Früher begnügte man sich bei diesem Festtagskuchen mit einer Marmeladefüllung.

Waren die Zeiten auch noch so schlecht, so gab die Eifler Hausfrau sich doch stets Mühe, einen Kuchen für den Sonntag zu bereiten. Dieser wurde mit Liebe gebacken und serviert. Beliebt waren (und sind) die runden, ovalen oder rechteckigen Tortenspitzen, die man unter den Kuchen legt. Diese waren mit kunstvollen Mustern ausgeschnitten. Notfalls stellte man aus einfachem Papier die Spitzen selber her.

Eifeler Buchweizentorte

5 Eier,
1 Eßl. heißes Wasser,
200 g Zucker,
100 g Buchweizenmehl,
10 g Kartoffelmehl,
½ P. Backpulver,
1 Glas Preiselbeeren,
1 Becher Sahne,
Schokoladeraspeln

Einen Biskuitteig herstellen. Dazu die Eier und das heiße Wasser in eine Rührschüssel geben und schaumig schlagen. Dabei nach und nach den Zucker einrieseln lassen. Gut rühren, bis sich der Zucker ganz gelöst hat. Buchweizenmehl mit Kartoffelmehl und Backpulver mischen und locker, aber gründlich unter die Eiermasse heben. In eine gefettete Springform geben und bei 150 Grad backen. Backofentür nicht öffnen! Nach dem Erkalten den Kuchen waagerecht durchschneiden. Zwischen den beiden Böden die abgetropften Preiselbeeren (oder schwarze Johannisbeeren) mit einem Teil der steifgeschlagenen Sahne füllen. Die restliche Sahne über den Kuchen streichen, mit geraspelter Schokolade bestreuen und mit einigen Preiselbeeren garnieren.

Um 1920 kamen 'moderne Backapparate' auf den Markt. Diese wurden wie die Kesseln und Pfannen auf den Herd gestellt, so daß kein Backofen benötigt wurde. 'Küchenwunder' und 'Zauberglocke' wurden die neuen Apparate genannt. Kuchen und andere 'Gebäcke' sollten damit ausgezeichnet gelingen. Küchenwunder und Zauberglocke konnten sich aber nicht recht durchsetzen.

Baumstamm

5 Eier, 5 Eßl. Wasser,
30 g Zucker,
250 g Mehl,
Zitronensaft

Für die Creme:
5 Eigelb,
1 Ei, 110 g Zucker,
200 g Butter,
Schokolade

Die Eier und das Wasser mit dem Schneebesen 10 Minuten schlagen. Allmählich Zucker unterrühren und ½ Stunde schlagen. Mehl und Zitronensaft unterrühren und in eine mit Butter bestrichene und mit Mehl ausgestäubte Baumstammform (ähnlich der Rehrückenform) füllen und in mäßiger Hitze etwa 60 Minuten backen. Für die Buttercreme die fünf Eigelb, 1 ganzes Ei und den Zucker mit dem Schneebesen über Wasserdampf so lange schlagen, bis sich die Masse dicklich vom Schneebesen löst. Butter wird schaumig geschlagen und unter ständigem Rühren die Eiermasse tropfenweise untergerührt. Zum Schluß geriebene Schokolade unterheben. Die Schokoladenbuttercreme in den waagerecht halbierten Baumstamm füllen und über den Kuchen streichen.

Der Biskuit-Baumstamm-Kuchen war in mancher Familie sehr beliebt. Man konnte noch kleine Äste an den Baumstamm anbacken. Der 'Baumstamm' wurde auch 'Birkenstamm' oder 'Bismarkeiche' genannt.

Apfelstrudel

250 g Mehl, Salz,
3 Eßl. Öl,
1/8 l lauwarmes Wasser,
ca. 100 g Butter,
Semmelbrösel,
100 g Rosinen,
1,25 kg Äpfel,
saurer Rahm,
Zimt-Zucker,
Puderzucker

Das Mehl in eine Schüssel sieben und in die Mitte eine Mulde drücken. Eine kräftige Prise Salz und das Öl hineingeben. Alles mit dem tröpfchenweise zugefügten Wasser vermischen. Den festen, aber geschmeidigen Teig auf einer schwach bemehlten Arbeitsfläche mindestens 10 Minuten lang kneten, bis er völlig glatt und elastisch ist. Um letzte Luftbläschen zu zerstören, den Teig gründlich 'werfen', also mit viel Schwung auf die Arbeitsfläche schleudern. Den Teig dann zu einer Kugel formen, diese mit Butter bestreichen, mit einer warmen Schüssel überdekken und mindestens eine Stunde ruhen lassen, damit das Mehl quellen kann. Die Semmelbrösel in 2/3 der Butter goldbraun rösten. Gewaschene Rosinen trokkenreiben. Äpfel schälen, entkernen und in feine Schnitze schneiden. Den Teig ausrollen und auf einem bemehlten Tuch hauchdünn ausziehen. Mit etwas flüssiger Butter und etwas saurem Rahm bestreichen und mit den Bröseln bestreuen. Rosinen und Äpfel darauf verteilen und mit einem Zimt-Zucker-Gemisch überstreuen. Den Strudel aufrollen und mit Butter bestreichen. Auf einem gefetteten Blech etwa 45 Minuten bei 200 Grad auf der Mittelschiene backen. Dabei öfter mit Butter bestreichen. Nach dem Backen mit

Puderzucker bestreuen. Apfelstrudel muß immer sehr frisch serviert werden. Am besten schmeckt er, wenn er noch warm ist.

Strudelteig soll so dünn sein, daß man eine darunter liegende Zeitung lesen kann! Der Apfelstrudel erfordert Fingerspitzengefühl, sowohl bei den Mengen der Zutaten, die nur als Richtlinien dienen können, als auch bei der Teigzubereitung. Etwas Essig (1-2 Teel.) zum Strudelteig verhindert das Reißen. Der Apfelstrudel war etwas Besonderes auf der Eifeler Kaffeetafel. Gab man einige geriebene, gekochte Kartoffeln dabei, so hatte man einen 'Kartoffelstrudel mit Äpfeln'.

Windbeutel (Brandteig)

1/4 l Wasser,
1 Prise Salz,
75 g Butter,
175 g Mehl,
5-6 Eier,
½ l Sahne,
2 P. Vanillezucker,
evt. Erdbeeren

Man bringt Wasser, Salz und Butter zum Kochen, schüttet das Mehl auf einmal hinein und rührt so lange, bis die Masse sich zu einem Kloß zusammenballt. Dann sofort vom Feuer nehmen und erkalten lassen. Zum Unterrühren der Eier heißt es in dem alten Rezept: "Nachdem die Masse abgekühlt ist, schlägt man nach und nach unter jedesmaligem Glattrühren die Eier hinein. Mit Zugabe des 6. Eies muß man vorsichtig sein, damit der Teig nicht zu dünn wird. Sobald er Hochglanz hat, hört man mit der Eizugabe auf. " Mit zwei Kaffeelöffeln werden kleine Häufchen des Brandteigs auf ein gefettetes Blech gesetzt. Der Backofen wird vorgeheizt, das Backblech so hoch wie möglich eingeschoben, 10 Minuten 'bei Vollbrand' gebacken, dann klein geschraubt und noch 10 Minuten auf kleiner Flamme gelassen. Die Windbeutel sofort mit einer Schere halbieren und nebeneinander auf einem Gitter erkalten lassen. Sahne mit Vanillezucker steif schlagen und in die Unterteile der Windbeutel spritzen. Die Deckel auflegen und dünn mit Puderzukker bestäuben. Evt. einige Erdbeeren auf jedes Unterteil legen.

Da die Windbeutel eine unterschiedliche Hitze brauchen, konnte man diese erst backen, als man einen Gas- oder Elektroherd zur Verfügung hatte. In Haushaltungskursen und Schulen wurden die Mädchen an die modernen Geräte herangeführt. Nun ging das Kochen und Backen schneller und einfacher - und war auch noch gesünder. So heißt es in einem Kochbuch von 1927 über den Elektroherd: "Da keine Abgase entstehen und keine ausstrahlende Hitze die Hausfrau belästigt, so ist auch vom gesundheitlichen Standpunkt das elektrische Koch-, Brat- und Backverfahren als ein großer Fortschritt zu betrachten."

Dulden, Schweigen, Lachen,
hilft oft in schlimmen Sachen.

Kalter Hund (Kekskuchen)

250 g Kokosfett,
50 g Kakaopulver,
100 g Zucker,
4 - 6 Eßl. Milch,
1 Eßl. Kaffeepulver,
1 P. Vanillezucker,
24 Butterkekse

Das Kokosfett bei schwacher Hitze im Wasserbad auflösen. Kakaopulver mit Zucker in Milch gut verrühren. Nach und nach das zerlassene Kokosfett unter tüchtigem Rühren hinzusetzen. Pulverkaffee und Vanillezucker in die Masse rühren. Eine Kastenform mit Backpapier (früher Pergamentpapier) auslegen, den Boden dünn mit der bereiteten Masse bedecken, darauf eine Lage Keks legen, diese wieder mit der Kakaomasse bedecken und so fortfahren, bis alle Zutaten aufgebraucht sind. Nach dem Erkalten (am besten über Nacht) die Form stürzen.

Früher war es kaum üblich, einen Kindergeburtstag zu feiern, da Mütter viel zu sehr mit den täglich anfallenden Arbeiten im Haus, Feld und Garten beschäftigt waren. Es blieb jedoch soviel Zeit, um schnell am Vorabend einen 'kalten Hund' für das Geburtstagskind und die Geschwister herzustellen. Auch heute ist der Kekskuchen bei Kindern beliebt. Für eine Kinderfeier kann man diesen mit buntem Streuzucker verzieren. Stellt man den Kekskuchen für Erwachsene her, kann man Rum, Mandeln und mehr Pulverkaffee hinzufügen. Mokkabohnen eignen sich dann zum Verzieren. Der Kekskuchen hält sich im Kühlschrank gut eine Woche. Früher gab man einige Eier in die Schokocreme. Dann sollte der 'kalte Hund', auch 'kalte Schnauze' genannt, allerdings sehr bald verzehrt werden.

Monschauer Dütchen

5 Eier,
6 Eßl. warmes Wasser,
150 g Zucker,
1 P. Vanillezucker,
100 g Mehl,
50 g Speisestärke,
1 Teel. Backpulver

Für die Füllung:
Fruchtcocktail
mit Sahne
(oder Dessert-Creme
oder Eis)

Die Monschauer Dütchen (Tütchen) werden aus einem Biskuitteig hergestellt. Bevor man mit der Teigherstellung beginnt, sollte man bereits ein mit Backtrennpapier ausgelegtes Backblech bereitstellen. Den Backofen auf 200 Grad vorheizen. Nun werden zuerst die Eier getrennt. Eigelb und Wasser schaumig schlagen und dabei nach und nach etwa 2/3 der Zukkermenge und den Vanillezucker einrieseln lassen. Mit hoher Geschwindigkeit und ohne Unterbrechung weiterschlagen, bis der Zucker gelöst und die Masse weißschaumig, glänzend und sehr feinporig geworden ist. Eiweiß schnittfest schlagen und dabei nach und nach den restlichen Zucker einstreuen. Den Eischnee auf die Masse gleiten lassen. Mehl, Speisestärke und Backpulver mischen und auf die Eimasse sieben. Mit einem Holzlöffel lokker, aber gründlich unterheben, ohne jedoch zu rühren. Den Teig auf das Backblech streichen und dieses sofort auf die Mittelschiene des heißen Backofens schieben. Bei 200 Grad etwa 12 Minuten bakken. Das Backblech sofort nach dem Backen auf ein mit Zucker bestreutes Tuch (oder auf ein neues Blatt Backtrennpapier) stürzen. Das alte Papier vorsichtig abziehen, evt. mit kaltem Wasser bestreichen. Nun schneidet man Quadrate von etwa 10 cm Durchmesser aus dem fertigen Gebäck und dreht diese zu einem Hörnchen. Diese 'Dütchen' in ein Sektglas stellen und mit Fruchtcocktail und Sahne oder mit einer Dessert-Creme oder mit Eis füllen.

Wer Monschau besucht, sollte die 'Original Monschauer Dütchen' auf jeden Fall probieren und eine Tüte voll Dütchen mit nach Hause nehmen. Man kann sie nach obigem Rezept aber auch selber auf Vorrat backen. Heute sind die Dütchen in jeder Monschauer Bäckerei erhältlich. Einst bot nur das Zukkerlieschen die Dütchen zum Verkauf an, denn immerhin war sie persönlich die Erfinderin der zarten Biskuittütchen. Ein Geselle ihrer Backstube soll das Rezept bei einem Stellenwechsel mitgenommen haben. Nun war das Geheimnis um die Herstellung der Dütchen gelüftet. Schon bald wurde die Zukkerlieschen-Spezialität zur Monschauer Spezialität. Bereits 1927/28 sind die Dütchen in der Zeitschrift 'Der Eremit vom Venn' erwähnt: "Spezialitäten sind Montjoier Dütchen, die aus Eierteig locker gebacken werden." In dem Gedicht 'Monscher Spezialitäte' läßt Karl Stollenwerk das Zukkerlieschen selbst zu Wort kommen (Das Monschauer Land Jahrbuch 1982, Seite 110):

Se saate mer et Zuckerlisge (Sie nannten mich...),
On ob dem Au, do stong mi Hüsge,
Do backt ich Dütcher frög on spät,
Dat wor ming Spezialität.
Oft komme Fremde os besücke
On dote mi Schaufenster bekicke:
Wat holle mer der Frau nur met?
"Koft Dütcher, Monscher Spezialität!"

Aussteuer: Was bringt das Julchen mit?

Ein fröhliches Tanzlied im Rheinländertakt war im Rheinland und in der Eifel der 'Schmitt'. Gut gelaunt scheint man das Lied immer wieder verändert oder ergänzt zu haben, denn es gibt verschiedene Versionen. Stets geht es darum, daß Freier zum Herrn Schmitt kommen und nach der Mitgift (Gift = Gabe) der Tochter oder der Töchter fragen. In der bekanntesten Liedform wird um das Julchen gefreit. Zum Beginn jeder Strophe heißt es: "Herr Schmitt, Herr Schmitt, was bringt das Julchen mit?"

Zunächst verspricht Herr Schmitt, daß er seine Tochter zur Hochzeit ausstaffieren wird:

'Nen Schleier un 'nen Federhot,
dat kritt mie Kenk als Hierotsgot!

Doch dieses Heiratsgut genügt dem Freier nicht, und so muß Herr Schmitt noch mehr herausrücken:

En staatse Koh un Lingezüg (Leinenzeug).
Ich meen, dat wör genog für üch!

Hier nennt der Vater die häufigsten Mitgaben, die ein Mädchen mit in die Ehe brachte: Eine Kuh für den Stall und Leinenzeug für die Bett-, Tisch-und Körperwäsche. In dem Schmitt-Lied ist der Freier jedoch nicht mit Kuh und Leinenzeug zufrieden und bohrt weiter. Nun erklärt der Vater, was wirklich eine gute Ehefrau ausmacht:

E golde Hätz voll Fließ (Fleiß) un Mot (Mut),
dat es et beste Hierotsgot!

Doch der Freier scheint über die 'Werte' einer Ehefrau anderer Meinung zu sein und will Konkretes wissen über die Mitgift. Nun wird es dem Vater zu bunt und er wimmelt den Freier energisch ab:

Goht heem, ming Doochter kritt ihr nit,
ihr freit bluß, wo et Daler gitt!

Wer es auf die Taler, Groschen oder Pfennige seiner Zukünftigen abgesehen hatte, der hatte in der Eifel keine große Auswahl bei der Brautschau. Denn die meisten Eifler waren kleine Bauern, und Bargeld war stets knapp. "Hunger und Durst heiraten'", sagte man, wenn beide Partner nicht mit Reichtümern gesegnet waren. Oder man stöhnte: "Wer nichts erheiratet und nichts ererbt, bleibt ein armes Luder, bis er sterbt."

In einer hochdeutschen Version des 'Schmitt' hat der Vater ein Dutzend Töchter, die er an den Mann bringen will. Als es um das Mariechen geht, stöhnt der Vater:

Die sieht sich schon die Dreißig an,
da müssen meine Groschen ran.

Auch in dieser Liedversion lobt der Vater die Tugenden der Mädchen. So beteuert er, daß das Malchen gut und brav ist, ein folgsames 'Schaf'. Beim Hannchen lobt er die Sittsamkeit:

Die kriegt ein Sofa lang und breit
für ihre große Sittsamkeit!

An materiellen Werten kann der Vater neben Schleier und Federhut ein Paar schöne, feste, derbe Schuh versprechen. Für das Dörtchen hat der Vater sich etwas Besonderes ausgedacht:

'Ne Wiege und schön Kinderzeug,
wenn's dann soweit ist, hat sie's gleich.

Noch vor Jahrzehnten -und teilweise noch vor Jahren- bekamen junge Mädchen ab 13 oder 14 Jahren ihre Aussteuer ratenweise geschenkt. Zu Weihnachten lagen Bettücher, Kopfkissen- und Oberbettbezüge auf dem Gabentisch. Nun konnten die zukünftigen Ehefrauen ihr Monogramm einsticken und sich bei jedem Stich auf das Eheleben freuen. Tischdecken wurden zum Besticken geschenkt, und auch dabei gab es viele Mußestunden, um über das zukünftige Leben als Hausfrau und Mutter nachzudenken. Die Mutter und Großmutter erzählten dann, daß sie in ihrer Jugend für ihr Leinenzeug viel mehr Arbeit investieren mußten. Vom Flachsanbau bis zum Spinnen, Weben und Nähen wurde alles selbst gemacht. Das 'Leinenzeug' war unverwüstlich und reichte für ein ganzes Leben. Auf das emsige Nähen der Mitgift weist eine andere Strophe beim Tanzlied hin:

Nagelscher' und Fingerhut,
das sind des Mädels Heiratsgut.

Zur Mitgift gehörte auch das 'Küchenzeug': Frottiertücher, Leinentücher, Tellertücher, Gläsertücher, Fenstertücher usw. Das Heiratsgut verwahrten die jungen Mädchen in einer Holzkiste auf. Neben dieser 'Brauttruhe' nahm die Braut ihr Bett und ihr Spinnrad mit in den neuen Hausstand. Heiratete die Braut in einen Hof ein, so brauchte sie keine Möbel mitzubringen. Bei der Ausstattung der Bauernhäuser handelte es sich um 'Dauereinrichtungen'. Schränke, Bänke und auch Betten waren fester Bestandteil, d. h. sie waren meist in die Mauern eingebaut. Selbst in der kleinsten bäuerlichen Hütte genügte das vorhandene Geschirr auch für das junge Ehepaar. Brachte die Braut einige neue Teller, Töpfe oder die begehrten Backblechs mit, so waren diese jedoch hoch willkommen. Nun konnte man die 'Kannenbank', ein Regal zum Aufbewahren des Hausrats, wieder etwas auffüllen.

Ein Hauch von Vornehmheit strömten die Paradekissen aus. War morgens das Ehebett gemacht, so wurde als krönender Abschluß das Paradekissen aufgesetzt und eine Kuhle in die Mitte geschlagen. Auch die ärmsten Frauen, die nur lebensnotwendige, praktische Dinge besaßen, verzichteten nicht auf diese riesigen Kissen in spitzen- und musterreichen Bezügen, obwohl diese Paradekissen überhaupt keinen Nutzen hatten. Selbst zur Schaustellung konnte diese Bettpracht nicht dienen, denn früher wurde Besuchern fast nie das Schlafzimmer gezeigt.

Das Wort 'Parade' hat mehrere Bedeutungen: einmal meint es seit dem 15. Jahrhundert 'Abwehr eines Angriffs', zum andern wird es seit dem 17. Jahrhundert von parieren abgeleitet und bedeutet 'Anhalten, Zügeln eines Pferdes'. Erst später wurde es für einen prunkvollen Aufzug, meist von Truppen, gebraucht. Folgende Gedanken hat eine Frau (Constanze Kleis, 1990) sich über das 'Abwehr- und Zügelmittel' gemacht: "Paradekissen mit hochschwellendem Flaum, Lochsaum und Monogramm hüteten tagsüber die eheliche Schlafstatt und ließen jeden Gedanken an sündiges Tun in ihren akkuraten Falten versinken." So kann man das Paradekissen als Paradebeispiel von ehelicher Zweisamkeit sehen, die nur zur dunklen Nacht erlaubt war.

Wenn die Braut ihr zukünftiges Domizil betrat, wurde sie von der Hausherrin zur Feuerstelle geführt. Mit einem Gebet schwenkte die alte Bäuerin dreimal die Hohlkette, die zum Aufhängen der Töpfe über das Feuer diente, um den Kopf der neuen Bäuerin. Nun war diese in die Hausgemeinschaft aufgenommen und gehörte zur Großfamilie.

Zu einem Frauenkaffee drei Tage nach der Hochzeit lud die junge Frau die Nachbarinnen ein, denn diese hatten Mehl, Eier, Milch und Schinken zur Hochzeitsfeier zugesteuert und bei den Vorbereitungsarbeiten geholfen. Das Treffen wurde als Gelegenheit genutzt, um voller Stolz die Aussteuer zu zeigen.

Ganz anders sah im Mittelalter die Aussteuer der mehr oder weniger edlen Edelfräuleins aus. So hatte zum Beispiel Maria von Harff, als sie 1626 mit 16 Jahren Bertram von Beissel-Gymnich heiratete, neben wertvoller Kleidung vorwiegend Schmuckstücke in ihrer Brauttruhe: goldene Perlenketten, Ohrgehänge, Armreifen (Brasseletten) und Ringe. Zu ihrem Hochzeitsgut gehörte auch ein 'kradtenstein', ein Krötenstein, der nach altem Glauben in oder auf dem Kopfe einer Kröte gewachsen war und sehr kostbar war. Die Kröte galt als guter Hausgeist und als Helferin bei Geburten.

Die Adligen heirateten oftmals 'untereinander', um ihre Erbrenten und Lehen zu vergrößern. Als zum Beispiel Jakob von Nechtersheym, der sehr viele Güter in der näheren und weiteren Umgebung aufkaufte, heiratete, war seine Braut die größte Erwerbung: "Jakobs Glück machte die Heirat mit Petersen von Dollendorf. Diese brachte ihm laut Ehepakten von 1456 an St. Calixtes-Tag im Oktober an Mitgift 12 ½ Malter Roggen jährlicher Erbrente zu Euskirchen und 19 Malter halb Spelz, halb Hafer zu Iversheim. Dazu kam als 'hillichsgave' des Bruders der Mutter Petersens, Everhards von Freilingen... dessen Burglehn zu Blankenheim." Ein anderer Nechtersheymer Ritter, Johann, heiratete 1464 Paetze Kremers, eine reiche Kölner Patrizierin als 'Hauptquelle seines Vermögens'. Dankbar zeigte sich Johann allerdings nicht. Er nahm die reiche Mitgift in Empfang und sperrte kurzerhand seine frischgebackene Ehefrau in eine Kammer ein. Die 'unglückliche, auch kinderlose' Ehe wurde durch den Tod Johanns beendet. Johann hatte sein ganzes Vermögen einem Neffen vermacht, mit dem die Patrizierin jahrelang um ihr Heiratsgut und um weiteres Vermögen prozessierte. Erst der Papst entschied den Streit zugunsten der Kölnerin.

Nicht alle Frauen waren darauf versessen, einen Mann fürs Leben zu suchen und zu heiraten. In den Adelsgeschlechtern wurden diese Frauen in ein Kloster gesteckt. Bei der einfachen Landbevölkerung ignorierte man diese Eigenart. So sagt eine Strophe des Schmitt-Tanzliedes, daß Louischen nichts mit einem Mann zu tun haben will. Der Vater kommentiert dazu:

> Das Mädchen sagt, sie heirat' nicht,
> doch daran stößt sich keiner nicht.

Wenn die Frau nicht haust,
die Katz' nicht maust,
der Hund nicht billt,
dann ist alles verspillt.

Waffeln: Wenn das Eisen klappert

Bereits die Wikingerfrauen konnten Waffeln backen, wovon in Frauengräbern gefundene Waffeleisen künden. Im 12. Jahrhundert waren in Frankreich 'Gebäcke im Waffeleisen' weit verbreitet. Bereits im 14. Jahrhundert war in Westeuropa das Waffelbacken allgemein üblich. Damals werden auch die ersten Waffeleisen den Weg in die Eifel gefunden haben. Vom Jahr 1657 sind aus Dollendorf zwei Waffeleisen als 'Rollwäffelches-Iser' urkundlich belegt.

Das Rheinische Wörterbuch erklärt die alten Waffeleisen wie folgt: "In älterer Zeit schlug man zwischen die Steinplatten der Küche eine eiserne Furke in den Boden, legte darauf das Waffeleisen über dem offenen Feuer (auf dem Boden) und hielt beide Enden fest, auf einem Stühlchen sitzend." Später wurden Waffeleisen auf das offene Herdfeuer gestellt. Einzelne Eisenringe konnten bei den alten Küchenherden von der Feuerstelle abgenommen werden und das Waffeleisen dort eingesetzt werden.

Das 'gewöhnliche' Waffeleisen jener Zeit ist folgendermaßen beschrieben: "In einem Eisenring aus zwei kreisrunden aufeinanderliegenden, aufklappbaren Hälften, die in einem Gewerf (Scharnier) zusammenhängen; an der Seite je ein Zapfen, mit denen das runde Eisen auf dem Rand aufliegt und jede Hälfte gedreht werden kann, damit auch die andere Seite der Waffel gebacken wird." In den 'nicht gewöhnlichen' Eisen waren kunstvolle Ornamente eingraviert. So brachte das 16. Jahrhundert künstlerische Waffeleisen von höchster Qualität hervor. Die Kreuzigungsszene und die Schöpfungsgeschichte waren beliebte Motive.

Zusätzlich wurden Segenssprüche eingraviert, so zum Beispiel: Help Godt mit Gnaden.

Reich geschmückt sind aus dem 19. Jahrhundert rheinische Waffeleisen. So ist ein Gußeisen in sechs Felder aufgeteilt. Die eine Backfläche des Waffeleisen ist mit Wabenmustern verziert, die andere Seite zeigt eine Spirale, eine Blume, Blütenmuster, Blütenkorb, Kleeblatt und einen Baum mit einem Vogel. Ein anderes Waffeleisen aus dem 19. Jahrhundert ist mit einem Adler, einem Hahn und einem Sonnenrad mit sechs kleinen Rädern geschmückt.

Das moderne, elektrische Waffeleisen ist rund, rechteckig oder herzförmig und beschränkt sich auf einfache Waben, von denen das Gebäck seinen Namen hat. Wie früher, so gehört auch heute zu jedem Haushalt ein Waffeleisen. Einst hatte jede Braut ein 'Klemmeisen' in ihrer Aussteuertruhe.

Einfache Waffeln

200 g Butter,
165 g Zucker,
4 Eier,
350 g Mehl,
½ P. Backpulver,
1 Eßl. Arrak,
1 P. Vanillezucker,
ca. 1/8 l Wasser

Butter, Zucker, und die ganzen Eier schaumig rühren. Das Mehl mit Backpulver mischen und nach und nach gut unterrühren. Mit Arrak und Vanillezucker würzen. Soviel Wasser (keine milch) zugeben, daß ein dickflüssiger Teig entsteht. Einen Löffel Teig in die Mitte des heißen, eingefetteten Waffeleisen geben und knusprige Waffeln backen..

Wasser oder Milch zum Waffelteig? Diese Frage wird unterschiedlich beantwortet. Manche Hausfrauen schwören auf Beigabe von Milch, andere lehnen diese rigoros ab. Wer nicht auf die Milch verzichten will, muß bedenken, daß die Waffeln bei Verwendung von Milch (vor allem von Vollmilch) dunkler ausfallen. Das Waffeleisen sollte dann nicht auf starke Hitze eingestellt werden. Der Teig sollte -wie bei allen Waffeln- etwas dickflüssig sein, doch gut vom Löffel abfließen.

Feine Waffeln

200 g Butter,
150 g Zucker,
3 Eier, 1 Pr. Salz,
250 g Mehl,
½ P. Backpulver,
75 g feingeriebene Mandeln,
etwas Wasser
1 P. Vanillezucker,
1 Teel. Rum

Butter, Zucker, Eier und eine Prise Salz schaumig rühren. Das Mehl mit dem Backpulver und den Mandeln mischen und nach und nach unterrühren. Die Mandeln machen die Waffeln besonders knusprig. Wird der Teig zu hart, etwas Wasser hinzufügen. Rum und Vanillezucker zum Schluß einrühren. Das Waffeleisen erhitzen, einfetten, Teig einfüllen und Waffeln backen.

Kinder mögen Waffeln und können jede Menge davon vertilgen. Waren die Waffeln einmal nicht gelungen, mußten die Mütter im Kreis Bitburg sich von den Kindern folgenden Neckreim sagen lassen:

Meine Mutter backt Waffeln,
sie backt sie nicht gut,
sie backt 33 in einer Minut'.
O Mutter, wenn du die Waffeln
noch einmal so backst,
dann nehm ich mein Bündel
und sag gute Nacht.

Sandwaffeln

200 g Butter,
200 g Zucker,
4 Eier, 1 Pr. Salz,
250 g Weizenmehl,
1 Teel. Backpulver,
Rumaroma,
Zitronenschale,
Puderzu cker

Die weiche Butter mit dem Zucker und den ganzen Eiern schaumig rühren (mit der Hand gut 15 Minuten). Das Mehl sieben, mit dem Backpulver und einer Prise Salz mischen, zu dem Butter-Zucker-Eier-Gemisch geben und nochmals gut rühren. Mit etwas Rumaroma und etwas geriebener Zitronenschale würzen. Jeweils ein Löffel des Teigs in das eingefettete, heiße Waffeleisen geben. Goldgelb backen und mit Puderzucker bestreuen.

Zum Ausbacken der Waffeln soll nur ganz wenig Fett verwendet werden, "sonst läuft es aus dem Waffeleisen heraus." Man kann das Eisen mit aufgelöster (oder weicher) Margarine oder Butter einfetten. Heute benutzt man dazu einen Pinsel, früher packte man die Butter in ein reines Läppchen. Auch Öl läßt sich zum Einfetten verwenden. Am besten schmecken die Waffen jedoch, wenn das Eisen mit einer Speckschwarte eingerieben wird. Daß man eine Speckschwarte auch zu lange brauchen kann, sagt eine Ableitung des oben zitierten Kindervers:

Mei Motter backt Waffeln,
sei backt se so zort (zart),
sei backt zweihonnert (200)
meat äner Speckschwort.

Zimtwaffeln

250 g Butter,
6 Eier,
250 g Zucker,
250 g Mehl,
5 g Zimt

Die Butter wird zu Schaum gerührt, die Eier und der Zucker hinzugegeben und das Mehl eingerührt. 5 g 'vom besten Zimt' werden zum Schluß eingerührt. In das heiße, eingefettete Waffeleisen füllen.

Schülerinnen der Hauptschule Daun haben ein Kriegsrezept für die Zimtwaffeln aufgeschrieben. Dabei wird die Stückzahl der Eier auf vier und der Zucker auf 100 g reduziert. Die Butter wird durch Wasser ersetzt. (Heute für kalorienarme Waffeln zu empfehlen.) Ein anderes Rezept für Zimtwaffeln spart nicht mit Zutaten. Da werden auf 250 g Mehl noch je ein Eßlöffel Kakao, Wein, Rum und 50 g geriebene Mandeln hinzugefügt.

Großmutters Butterwaffeln

125 g Butter,
1 Eßl. Zucker,
4 Eier (getrennt),
250 g Mehl,
1/4 l Milch,
1 Prise Salz,
1 Zitronenschale,
1 Glas Kirschen,
Sahne

Butter, Zucker und Eigelb schaumig rühren, dann abwechselnd das Mehl und die Milch darunter rühren. Mit Salz und abgeriebener Zitronenschale würzen. Zum Schluß den Eiweißschnee unterheben. In das vorgeheizte, eingefettete Waffeleisen füllen. Für den Belag die abgetropften Kirschen in einer Pfanne mit Butter erhitzen (oder Kirschen mit Saft durch Kartoffelmehl andicken), auf die Waffeln häufen und mit Sahne verzieren.

Kirschen zu den Waffeln gab es nur zu einem Festtag. Waffeln wurden aber zu manch anderem Anlaß gebacken. Besonders wenn unerwarteter Besuch kam, wurde das Waffeleisen hervorgeholt. An Waschtagen gab es zum aufgewärmten Eintopf zusätzlich Kaffee und Waffeln. Mancherorts gehörten Waffeln aber auch zum Neujahrs- oder Fastnachtsgebäck. Bei den früheren Heischegängen, bei denen die Kinder ein Lied sangen und etwas zugesteckt bekamen, wurden die Waffeln nicht vergessen. Sowohl aus Euskirchen als aus Monschau ist folgendes Heischelied überliefert:

Ich kom de Berg erafgelofen,
ich soch de Schornsten rochen;
ich huert dat Iser klappern;
ich roch de Waffele backe;
he wonnt en gode Möhn,
die vill gevve kann...

Rahmwaffeln

125 g Butter,
6 Eier,
6 Eßl. Mehl,
6 Eßl. süßer Rahm,
125 g Zucker,
1 Messerspitze Salz

Die Butter wird schaumig gerührt, nach und nach mit den sechs ganzen Eiern vermengt, wobei bei jedem Ei ein Eßlöffel voll Mehl hinzugefügt wird. Dann den süßen Rahm, den Zucker und eine Messerspitze Salz zugeben. In dem alten Rezept heißt es: Hierauf ein Waffeleisen heiß gemacht, mit Speck angestrichen, zwei Eßlöffel voll Teig hineingegossen und die Waffeln auf beiden Seiten hellgelb gebacken.

Zahlreich sind die Rahm-, Sahne- oder Schmandrezepte für Waffeln. Anstelle des süßen Rahms kann 1 Löffel Sauerrahm, Sahne oder Schmand genommen werden. Eine Aufzeichnung empfiehlt die Rahmwaffeln als gute Reste-Verwendung: "Alle Reste von ungekochter saurer Sahne sollten immer auf das Allersorgfältigste aufgehoben werden. Sie dient zu der mannigfachsten Verwendung, zum Beispiel zu den 'Saure-Sahne-Waffeln'." Mit Eiern wird bei diesem Rezept nicht gespart: 12 Eier sollen genommen werden. Ein anderes, handgeschriebenes Rezept gibt die Menge des Rahms wie folgt an: "Man nehme von ungefähr 4 Liter Milch den Sauerrahm."

Bertricher Waffeln

250 g Butter,
5 Eier (getrennt),
250 g Mehl,
Milch, saurer Rahm,
3 Eßl. Zucker

Das alte Rezept (Trierisches Kochbuch) lautet: Ein halbes Pfund schaumig gerührte Butter wird mit 5 Eigelb, dem erforderlichen Mehl, etwas Milch und sauerem Rahm und 3 Löffeln feinem Zucker glatt gearbeitet, das Weiße der 5 Eier zu Schnee geschlagen, hinzu gemischt und die Waffeln im Eisen gebacken.

Viele Eifelorte haben ihre Spezialwaffeln, so sollen die Bertricher Waffeln nur als Beispiel stehen. Nach dem Promenieren durch den Kurgarten schmecken die Bertricher Waffeln besonders gut.

Apfelwaffeln mit Nuß-Sahne

200 g Butter,
75 g Zucker,
3 Eier,
1 P. Vanillezucker,
abger. Zitronenschale,
250 g Mehl,
250 g säuerliche Äpfel,
1 Becher Schlagsahne,
2 Eßl. Zucker,
50 g gemahlene Haselnüsse

Butter und Zucker schaumig rühren. Die Eier, den Vanillezucker und das Abgeriebene von einer Zitrone hinzufügen. Das Mehl unterrühren. Die Äpfel schälen, fein raspeln und zum Schluß in den Teig geben. Hellbraune Waffeln backen. Für den Belag die Sahne mit dem Zucker steif schlagen und die Haselnüsse unterrühren. Die Nußsahne zu den Waffeln servieren.

Dieses Rezept stammt aus dem Kloster der 'Missionare von der Heiligen Familie' in Biesdorf/Eifel, nahe der luxemburgischen Grenze (Geheimrezepte aus der Klosterküche...). Vom dortigen Internat ist eine Kuchengeschichte aufgeschrieben, die sich vor 60 Jahren zugetragen hat. Der 14-jährige Internatsschüler Franz feierte seinen Namenstag am 3. Dezember: "Rechtzeitig erhielt er von seiner Mutter eine Torte zugeschickt: per Post. Heil kam sie an. Jeder weiß, was für einen Jungen, weit weg von Zuhause, eine solche Vermittlung mütterlicher Liebe bedeutet." Der Kuchen sollte geteilt werden, und so wurde Franz damit in die Küche geschickt. Der Klosterkoch hatte jedoch seine eigene Vorstellung vom Teilen. Er nahm ein Holzbrett, legte das leckere Backwerk darauf, griff zu einem 'Fettmesser', schnitt die Torte kreuz und quer in Stücke und schob diese seelenruhig in die auf dem Herd brutzelnde Erbsensuppe. Nun bekamen tatsächlich alle etwas von der Namenstagstorte.

Hafermehlwaffeln

250 g Butter,
3 Eßl. Zucker,
4 Eier,
500 g Hafermehl,
1 P. Backpulver,
1 Teel. Salz,
3 Eßl. Bienenhonig,
1 Speckschwarte,
Rüben- oder Apfelkraut

Butter, Zucker und Eier schaumig rühren. Das Hafermehl (Reformhaus) mit dem Backpulver mischen und nach und nach dazu geben. Salz, Honig und soviel lauwarmes Wasser zufügen, daß ein dickflüssiger Teig entsteht. Das vorgewärmte Waffeleisen mit einer Speckschwarte einfetten, jeweils 2 Eßlöffel Teig hineingeben und zu goldgelben Waffeln backen. Mit Rüben-oder Apfelkraut bestreichen und sofort servieren.

'Offeln' oder 'Eisenkuchen' nannte man früher diese kräftigen Hafermehlwaffeln in der Eifel. War der Hafer gut geraten, so nahm man 'schier Havermell', ansonsten mischte man noch Weizenmehl darunter. Wurde eine große Waffel aus grobem Gerstenmehl-Teig hergestellt, so nannte man sie im ripuarischen Sprachkreis 'Lott'. Diese 'Lotte' sind 1880 in Düren schriftlich belegt. Hafermehlwaffeln gehören zu der bergischen Kaffeetafel, die wegen ihrer guten Waffeln bekannt ist. Bergische Hafermehlwaffeln bestehen aus Hafer- und Weizenmehl (halb und halb). Man fügt noch Sirup, Möhrensaft, Anis und Zimt hinzu.

Es ist besser,
einen Mund zu viel gegessen
als ein Wort zu viel gesprochen.

Vollkornwaffeln

50 g Butter,
2 Eier,
100 g Honig,
300 g Weizenvollkornmehl,
½ Teel. Backpulver,
½ l Milch,
Nelken, Zimt,
abger. Zitronenschale

Butter, Eier und Honig schaumig rühren. Das Weizenvollkornmehl mit dem Backpulver mischen und im Wechsel mit der Milch in den Teig geben.

Einige Zeit quellen lassen. Dann mit einer Messerspitze Nelken, ½ Teel. Zimt und etwas abgeriebener Zitronenschale würzen. Waffeln backen.

Daß in schlechten Zeiten die Waffeln als Luxusessen angesehen wurden, sagt ein Spruch aus Eupen: Wenn de Buer et Speck en Greve (Grieben) schnett, on et Mehl en Waffele bäckt, werd' er gene rike Mann (kein reicher Mann).

Haferflockenwaffeln

125 g Haferflocken,
1 Tasse Milch,
3 Eßl. Zucker,
abger. Zitronenschale,
1 Pr. Salz,
2 Eßl. Butter,
2 Eier

Die Haferflocken mit der kalten Milch übergießen und zwei Stunden ziehen lassen. Den Zucker, die geriebene Zitronenschale, das Salz und die zerlassene Butter einrühren. Die Eier trennen; zunächst das Eigelb unterrühren, dann den steifen Eierschnee unterziehen. Das Waffeleisen erhitzen und einfetten. Den Teig nach und nach einfüllen und Waffeln 'zu schöner Farbe' backen. Mit Zucker bestreuen und sofort verzehren.

Waren die Waffeln doch mal alt und weich geworden, so aß man sie auch kalt, manchmal zwischen zwei Brotschnitten als Belag. Waffelröllchen bekam man, wenn man die Waffeln heiß aufrollte.

Hefewaffeln

250 g Mehl,
15 g Hefe,
3 Eßl. Zucker,
1 Tasse Milch,
3 Eßl. Butter,
3 Eier, 1 Pr. Salz,
abgeriebene Zitronenschale,
Zucker-Zimt

Mehl in eine Schüssel sieben, eine Vertiefung hineindrücken. Zerbröckelte Hefe und 1 Teel. Zucker hineingeben, mit lauwarmer Milch zu einem Vorteig anrühren und gehen lassen. Sobald der Vorteig rissig wird, zerlassenes Fett, Zucker, Eier und Gewürze hinzufügen. Den Teig tüchtig kneten und nochmals aufgehen lassen. Jeweils einen Löffel voll Teig auf das heiße, gefettete Eisen geben und abbacken. Ergibt 16 Herzwaffeln. Mit einem Zucker-Zimt-Gemisch bestreuen und heiß essen.

Schnell muß das Einfüllen des Waffelteigs gehen: Untere Backfläche einfetten, Teig einfüllen, obere Backfläche einfetten und das Waffeleisen schließen. Nach dem Schließen drückt man kurze Zeit die Backformen mit dem Griff leicht zusammen. So ist eine gleichmäßige Erhitzung beider Backflächen gewährleistet. Ist die eine Seite doch nicht so gut gelungen, kann man folgenden Tip einer alten Gebrauchsanweisung für einen Waffel-Automaten befolgen: Man serviert die Waffeln mit der schöneren Seite nach oben.

Honigwaffeln

250 g Mehl,
10 g Hefe,
1 Eßl. Zucker,
1 Ei, 1 Pr. Salz,
1/4 l Milch,
100 g Honig (flüssig),
Saft einer Zitrone

Man siebt das Mehl in eine Schüssel. In eine Mulde füllt man die Hefe, die mit Zucker und etwas lauwarmer Milch aufgelöst wird. Wenn dieser Vorteig aufgegangen ist, gibt man das Ei, Salz und die restliche Milch hinzu. Den Teig nochmals gehen lassen und Waffeln backen. Den Honig mit Zitronensaft verrühren, über die gebackenen Waffeln geben und diese sofort servieren.

Auch kräftige Waffeln kann man backen. Ein Rezept 'Deutsche Waffeln -anno 1878' empfiehlt folgende Geschmackszutaten: 4 Eßl. Branntwein, Arrak oder Rum und 3 Prisen Muskatblüte. Auch ein Rezept 'Germwaffeln' (Germ=Hefe) verzichtet nicht auf den Branntwein und nennt bei den Zutaten 'ein halbes Gläschen Franzbranntwein'.

Omas nasse Waffeln

250 g Mehl,
10 g Hefe,
½ l Milch,
75 g Butter,
2 Eier,
175 g Zucker

Mit Mehl, Hefe, etwas Zucker und lauwarmer Milch setzt man einen Hefeteig an. Ist der Vorteig gut gegangen, fügt man die Butter, Eier und den Zucker hinzu. Im heißen, mit einer Speckschwarte eingefetteten Waffeleisen goldgelbe Waffeln backen.

Auch beim Dreschen wurden Waffeln gebacken. Da die Dreschleute bekanntlich 'Honger wie 'ne Schüredreischer' hatten, konnte der Waffelberg gar nicht groß genug sein. Beliebt waren bei den Arbeitern die deftigen Kartoffelwaffeln, die aus geriebenen Kartoffeln, Zwiebeln, Eiern, Buchweizen, Salz und Pfeffer hergestellt werden (s. Alt-Eifler Küche, Band I: Kochen, Seite 110). Man backt Kartoffelwaffeln aber auch aus Kartoffelpüree, dem etwas Mehl, Milch und Butter zugefügt wird.

Das war einmal?!

Im Herzen ernstes Sinnen,
im Schranke weißes Linnen,
in jeder Weis' gespart,
das ist der Hausfrau Art.

Mein Elternhaus: Waffelduft

(Erstveröffentlichung in: Vaters Land und Mutters Erde, Pulheim 1989)

“Dieses Jahr ist ein ganz besonderes Jahr”, sagte ich am Neujahrsmorgen. Der erste Tag des neuen Jahres hatte wie jeder Sonntagmorgen begonnen. Meine Mutter hatte zeitig in der Küche gewirtschaftet, war dann in die Frühmesse gegangen und hatte anschließend uns Kinder aus dem Bett geholt. Mein Vater war wie alltäglich in aller Frühe in den Stallungen gewesen. Nun saßen wir alle am Frühstückstisch -und niemand nahm von meinen Worten Notiz.

So wiederholte ich laut: “Dieses Jahr ist ein besonderes Jahr!” Nun reagierte mein kleiner Bruder. “Wieso denn?” fragte er kauend. “Man spricht nicht mit vollem Munde”, wies meine Mutter ihn zurecht. Ich blickte in die Runde. Nur mein Vater schaute mich fragend an, und so erklärte ich ihm: “In diesem Jahr wird unser Haus 200 Jahre alt.”

“Wie kommst du denn darauf?” fragte er erstaunt. Nun fühlte ich mich beachtet und berichtete stolz: “Über unserem Torbogen stehen die Zahlen 1-7-4-4. Damals ist das Gehöft erbaut worden und jetzt wird es 200 Jahre alt.” 200 Jahre! Das ist eine Ewigkeit, wenn man selbst erst acht Jahre zählt. “Das hat Tante Finchen mir erzählt”, ergänzte ich schnell.

Meine Mutter seufzte. “Ich befürchte”, sagte sie zu meinem Vater gewandt, “daß unsere Tochter genauso sonderlich wird wie deine Schwester.” Ich hatte mir vorgestellt, daß es in diesem Jahr ein großes Fest zu Ehren unseres Elternhauses geben würde. In diesem Augenblick entschwand die Erfüllung dieses Wunschtraumes in nebelhafte Ferne.

Nach dem Frühstück gingen wir zum Hochamt. Als wir nach Hause kamen, nahm mein Vater mich vor dem Hoftor an die

Hand und gemeinsam betrachteten wir die in Stein geschlagene Jahreszahl 1744. Es folgte die schönste Stunde des Sonntags. Wir Kinder durften im 'guten Zimmer' unsere ersten Versuche auf dem Klavier oder auf der Flöte zeigen und mein Vater sang. An diesem Neujahrsmorgen sang er vom Vaterhaus mit der Linde und vom Elternhaus beim Mühlenrad.

In den nächsten Wochen sammelte ich Informationen über unser Haus. Mein Vater zeigte mir die Gebäude, die schon 200 Jahre alt waren, berichtete über die Änderungen, die seine Eltern vorgenommen hatten und erklärte mir, was er selbst noch verbessern wollte.

Auskünfte anderer Art erhielt ich von Tante Finchen. "In diesen Jahren sind sehr viele Menschen in diesem Haus gestorben", erzählte sie, "meine Eltern, sechs Geschwister von mir, meine Großmutter, und wer weiß, wer sonst noch. Wenn du gut aufpaßt, kannst du nachts den Geist der Toten wahrnehmen. In der Finsternis sind die Toten stärker als die Lebenden."

Zunächst merkte ich nichts vom nächtlichen Spuken, doch während einer Fieberkrankheit erspürte ich in einer unheimlichen Nacht geheimnisvolle Stimmen, huschende Schatten, einen eisigen Atemhauch - die Geister der Toten. Zitternd lief ich in das Schlafzimmer meiner Eltern und berichtete schluchzend, was mich aufgewühlt hatte.

Meine Mutter nahm mich zu sich ins Bett, und mein Vater beruhigte mich. "In diesem Haus sind viele Menschen gestorben", sagte er, "aber es sind auch viele darin geboren; so wie ich und alle meine Geschwister." "Bin ich auch hier geboren?" fragte ich. "Nein", antwortete meine Mutter, "deine Geschwister wohl, du aber bist im Krankenhaus in der Stadt geboren."

In dieser Nacht machte ich mir keine Gedanken mehr, aber in den nächsten Wochen belastete es mich sehr, daß ich nicht in meinem Vaterhaus geboren war. Ich liebte dieses Haus über alles und wollte ganz mit ihm verbunden sein. Oft, wenn alle draußen waren, lief ich ins Haus hinein, setzte mich still irgendwo hin und lauschte, was die Räume mir aus alten Tagen zuraunten. Es waren gute Geister, die sich in allen Ecken eingenistet hatten.

Dann geschah so viel in diesem Jahr 1944, daß auch für mich das Haus in den Hintergrund trat. Bald bestimmte nur noch der Krieg unser Leben. Als wir unmittelbar in die Kampfwirren gerieten, verließen wir den Wohntrakt, um in den Kellerräumen unter den Stallungen zu vegetieren. Schreie von Verwundeten und das Stöhnen von Sterbenden drangen zu uns. Nach einer Unendlichkeit hörten die Kämpfe auf; wir waren in den Händen der Besatzungsmacht und genauso voller Ängste wie zuvor. In dieser turbulenten Zeit wurde ich krank. Ich wurde von meiner Familie getrennt und nach irgendwo in ein Lazarett gebracht.

Nach schlimmen Wochen gesundete ich und geriet in ein Auffanglager. Daß ich hier überlebte, verdankte ich nur der Tatsache, daß ich ein Kind war -allein, verlassen, zerlumpt, hungrig-, das überall Mitleid erregte.

Nach mehr als einem halben Jahr fand ich aus einer Welt von Not und Elend wieder nach Hause. Nach Hause! Ich wußte kaum noch, was das bedeutete. Die Zeit voller Kriegsschrekken schien mir wie eine Ewigkeit im Vergleich zu den Jahren meiner Kindheit. Die Zeitspanne, die ich in meiner Familie aufgewachsen war, war schemenhaft verzerrt, fast ausgelöscht. Und mein Vaterhaus! Es stand noch, aber es war zerschunden und voller Wunden, die nicht einmal bluten konnten. Nicht nur meine Familie, auch das Haus war mir fremd geworden.

Meine Eltern, die kaum noch Hoffnung gehabt hatten, mich jemals wiederzusehen, umgaben mich mit aller Liebe und Fürsorge. Aber ich konnte die schrecklichen Geschehnisse nicht verkraften. Ich wurde krank an Leib und Seele. Ich wollte und konnte nichts essen, wurde mühsam gefüttert, behielt jedoch kaum etwas bei mir. Bald war ich zu schwach, um aufzustehen. Ich schlief und schlief und wollte sterben in dem Haus, in dem schon so viele gestorben waren.

In meinen wirren Träumen durchlitt ich den Untergang einer ganzen Welt. Oft wurde ich von meinen Schreien wach, kämpfte wild um mich schlagend mit einer Macht des Bösen und sank wieder in die Tiefen eines Schlafs, jenseits von Raum und Zeit. Nie, wenn ich die Augen öffnete, war ich allein. Entweder erblickte ich das verweinte Gesicht meiner Mutter, die ernsten Augen meines Vaters, die gefalteten Hände meiner Tante Finchen oder die gerunzelte Stirn unseres alten Hausarztes.

So vergingen Wochen. Eines Tages focht ich wieder eine grimmige Traumschlacht mit Schatten und bösen Geistern aus der Finsternis. Es war ein Kampf auf Leben und Tod. Doch allmählich wurden die Dämonen schwächer, sie verblaßten, sanken in sich zusammen und lösten sich langsam in Nichts auf. Eine Kraft, die stärker war als ich, hatte sie bezwungen. Die tiefe Dunkelheit, die mich umfing, versank in den Erdboden. Es wurde heller in meiner Traumwelt, bis alles um mich herum von einer lichten Helligkeit durchflutet war.

Ich öffnete die Augen - die Helligkeit blieb. Die ernsten Augen meines Vaters blickten mich an, und ich spürte meine kleinen Hände in seinen starken Händen eingeschlossen. Und mit einem Mal vernahm ich, wie das Haus mir etwas zuraunte. Ich richtete mich auf und schaute mich erstaunt um. Alles war mir nun wieder vertraut, das altmodische Bett, das Kreuz und das Bild mit den Engeln. Hier bist du zu Hause, hier gehörst du hin, sagten mir alle Gegenstände. Durch das Fenster fiel Sonnenschein, und von draußen drangen die Geräusche des Hofes in das Zimmer. Ich war zu Hause in meinem Elternhaus.

"Schade, daß ich nicht hier geboren bin!" sagte ich, aber meine Worte klangen fast heiter. "Aber du bist doch hier geboren", sagte mein Vater und seine Stimme zitterte eigenartig. "Du bist in deinem Elternhaus geboren, heute, jetzt, in diesem Augenblick." Ich nickte nachdenklich. Ja, mein Vater hatte recht, ich fühlte mich wie neugeboren, geboren in dem Haus meiner Ahnen. Nun war ich eins mit ihm und ihnen.

"Wir müssen noch den 200. Geburtstag unseres Hauses feiern", erinnerte ich mich. Der Neujahrsmorgen des Jahres 1944 stand deutlich vor mir. Ich hatte zurück zu meiner Kindheit gefunden. Aus den Kriegstrümmern war eine Brücke entstanden, die von dem Gestern zum Hier und Heute führte. Ich hatte diese Brücke beschritten und reckte und streckte mich dem Leben entgegen.

Mein Vater hatte mich aufmerksam beobachtet, nun eilte er zum Fenster und rief in den Hof, daß alle zu mir kommen sollten. Bald standen sie an meinem Bett: meine Mutter, Tante Finchen, meine Geschwister, einige Spielgefährten. Sie starrten mich an, als sei ich von den Toten auferstanden. Ich lächelte und schmiegte mich an meinen Vater.

"Heute feiern wir den 200. Geburtstag unseres Hauses, wenn auch mit Verspätung", erklärte er feierlich. Er streichelte meine Hände und fügte leise hinzu: "Und wir feiern den Tag einer Geburt."

"Du mußt singen, Vater," bat ich, "vom Vaterhaus mit der Linde und vom Elternhaus beim Mühlenrad." Und zu meiner Mutter sagte ich: "Bitte, backe Waffeln zum Festtag. Ich habe Hunger auf Waffeln und Kakao."

Ich verstand nicht, warum alle weinten und warum meine Mutter mich heftig umarmte. Schon bald zog der köstliche Duft vom Waffelbacken durch das Haus, durch mein Elternhaus. Und dann klang der Gesang meines Vaters durch das Haus, durch mein Geburtshaus, durch das Haus der Lebenden.

Wo Glaube, da Liebe,
wo Liebe, da Friede,
wo Friede, da Segen,
wo Segen, da Gott,
wo Gott, keine Not.

Neujahr: Gebildbrote

"Zu Ende geht ein bitterkalter Wintertag. Schon lange hat sich graue Dämmerung auf unser Dorf gesenkt. Leer sind die Straßen. Stille spürst du überall. Vorwurfsvoll muht noch eine Kuh. Sie wartet auf das abendliche Futter. Doch die Bäuerin scheint heute nicht an ihr Vieh zu denken, das sie sonst jeden Tag um diese Stunde füttert. Die Kinder hat sie eben zu Bett gebracht. Mit brennendrotem Kopfe kniet sie vor dem Herd und wirft harte Buchenscheite in die Glut. Dann steht sie auf und wendet sich zum Tisch. Hier liegen eigenartige Formen. Man weiß nicht recht: Soll das ein Hund sein? Das hier ein Hase? Das dort ein Schaf? In diese Formen preßt die Bäuerin den dunkelbraunen Teig..."

So beschreibt Robert Legrand in seinem Buch 'Die Eifel' (1941) den Silvesterabend. Die Männer sind ins Gasthaus gegangen, um gemeinsam 'ne goode Rutsch' ins neue Jahr zu starten. Sie vertreiben sich die Zeit mit Kartenspielen. Heute wird nicht um Mark und Pfennige gespielt, sondern um Wecken oder Stuten, Brezeln oder Janusbrote, Zöpfe oder Kränze.

Für die Hausfrau stehen keine vergnüglichen Stunden bevor. Aber das ist sie ja von allen Festtagen gewohnt. Sie ist froh, wenn sie ungestört ihre Neujahrswecken backen kann. Um Mitternacht sinkt sie todmüde ins Bett. Sie hört noch, wie die Burschen des Dorfes das neue Jahr mit Böller- oder Gewehrschüssen begrüßen und dabei rufen: "Das Alte ist verflossen, das Neue wird angeschossen. Glück zum neuen Jahr." Nur einige wenige Frauen eilen auf die Straße, um am 'Frohsinn der Männer teilzuhaben'. Morgen früh werden die Burschen durch das Dorf ziehen und sich einen Neujahrswecken abholen. Auch die Patenkinder werden kommen, um sich ihr 'Neujährche' zu sichern.

Die jungen Mädchen bekommen von ihrem Schatz persönlich das Neujahr angeschossen: "Für die Mädchen ist das Abgeben des Neujahrschusses eine Art Ehrerweisung oder auch Liebeserklärung. Die meisten heiratsfähigen Mädchen schlafen in der Neujahrsnacht nicht. Sobald ihnen das Neujahr angeschossen worden ist, öffnen sie die Haustüre, um den Schützen einzulassen, der im Beisein der Eltern mit Neujahrsgebäck und Wurst reichlich bewirtet wird." Fröhlich beginnt man das neue Kalenderjahr. Übermütig spricht man folgenden Neujahrswunsch aus:

Prosit Neujoar,
de Kopp voll Hoar,
de Mul voll Zäng (Zähne),
de Bretzel en de Häng.
Adjüs Marjänn!

Zu den lustigen Spielen der Neujahrsnacht gehörte einst der Neujahrssprung, 'der Sprong vam Dörpel erav'. Doch nicht nur über den 'Dörpel', der steinernen Hausschwelle, sondern auch über Stühle wurde gesprungen. Die unverheiratete Siegerin war die 'Glücksbraut', der geweissagt wurde, daß ihr im neuen Jahr ein reicher Freier über den Weg laufen würde.

Uralt ist der Brauch, daß zu bestimmten Festtagen die Backwaren eine besondere Form erhalten. Bereits auf den Wänden ägyptischer Gräber sind phantasievolle Brote gemalt: Brote wie Haar-Opfer von Frauen, Brote in Pyramidenform oder als Vogel- und Tiergestalten. In Indien wurden der Göttin Kali Fladen in menschlichen Gestalten geopfert. Gebildbrote haben mit Ähnlichkeitszauber zu tun und sind 'eine Erinnerung an früher übliche Menschenopfer'.

In alteuropäischen Kulturen waren Gebildbrote seit der Steinzeit bekannt: "Es besteht kein Zweifel daran, daß die Sitte, Brot und Kuchen in vielen Formen, als Laib, Schlange, Vogel, Tier, Blume zu backen und mit Rauten, Schlangen, Spiralen zu markieren, neolithischen Ursprungs ist." Durch die Symbolfiguren wollte man einerseits den Segen und die Huld der Götter erflehen, andererseits böse Einflüsse und unheilbringende Dämonen abwehren. Die Segenskraft eines Brotes mit einem 'Gebilde', einem Bildwerk, war größer als die Kraft eines einfachen Brotes.

Gebildbrote und Kultgebäcke (s. Weihnachten) setzten sich besonders zu der Zeit der Wintersonnwende durch. Die zwölf Lustertage und Rauhnächte zwischen Weihnachten und dem Dreikönigstag waren eine Zeit der Stille, des Rückblicks und der Vorherschau. An diesen 'Zwölfen' huldigte man in vorchristlicher Zeit den Göttern mit Gebildbroten. Im Christentum wurde dieser Brauch übernommen, fand aber nicht unbedingt die Zustimmung der Kirche. Im Jahr 743 wurde "den Christen verboten, aus Mehl verfertigte Götzenbilder zu kaufen und zu essen oder in den Häusern aufzustellen." Aber der Brauch dieser Gebildbrote hat sich mit zäher Festigkeit im Volksleben bis heute erhalten. Allerdings hat man den ursprünglichen Sinn längst vergessen.

Man muß die Feste feiern wie sie fallen.

Neujahrswecken

500 g Weizenmehl,
20 g Hefe,
1/4 l Milch,
70 g Zucker,
50 - 70 g Schmalz,
etwas Salz,
1 Ei

Das Mehl in eine Schüssel sieben und eine Mulde eindrücken. Die Hefe in etwas lauwarmer Milch und etwas Zukker auflösen und in die Mulde einfüllen. Mit etwas Mehl überstäuben. Zucker, Schmalz und Salz nach Geschmack am Rande legen. Sobald der Vorteig aufgegangen ist und Risse zeigt, die anderen Zutaten untermengen, evt. noch etwas Milch zugeben. Den Teig wieder gehen lassen. Dann eine Handvoll Teig abnehmen und beiseite legen. Aus der Hauptmenge einen Brotlaib formen und oben und unten zwei Köpfe abdrücken. Den Weck mit Eigelb bestreichen. Von der kleineren Teigmenge kleine Brezeln formen und auf den Wecken legen. Bei 200 Grad wird der Neujahrsweck auf der unteren Schiene 30 Minuten gebacken. Noch heiß mit Zukkerwasser bestreichen.

Die beiden Köpfe am Neujahrswecken sollen die beiden Jahre darstellen: das vergangene und das kommende. Sie erinnern an den altrömischen Gott Janus, der doppelgesichtig dargestellt wird und in die Vergangenheit und in die Zukunft schauen kann. In Dreiborn sind die Januswecken mit zwei Köpfen alte Tradition. In Daun schneidet man den Brotlaib ein und zieht die Enden etwas auseinander. Die so entstandenen Spitzen versinnbildlichen die vier Jahreszeiten. Vergessen sind die Bildwerke in Fisch- oder in Schenkelform. Die Weckmänner haben sich von Neujahr auf den Nikolaus- und Martinstag verlagert. Aus dem 19. Jahrhundert sind auch reichverzierte Neujahrskuchen in Rhombenform bekannt. Holzformen zum Einpressen des Teigs zeigen zum Beispiel den Baum der Erkenntnis, Eva und Adam, Hase, Hund, Schaf und ein 'drachenförmiges' Tier. Auch der Drudenfuß ist als Abwehrform zu finden. Dieses sogenannte Maarzeichen aus zwei Dreiecken, das auch auf Möbeln und Eifelhäusern angebracht wurde, soll böse Geister fernhalten.

Neujahrszopf

1000 g Mehl,
40 g Hefe,
100 g Zucker,
etwas Salz,
100 g Butter,
100 g Margarine,
½ l Milch,
100 g Rosinen,
Eigelb,
Puderzucker

Einen Hefeteig bereiten (s. Neujahrsweck). Zum Schluß die Rosinen hinzugeben und den Teig gehen lassen. Der Teig soll nicht zu weich sein, dafür aber besonders locker aufgehen. Die Menge in drei gleichmäßig dicke Stränge teilen und diese zu einem Zopf flechten. Man beginnt in der Mitte und legt den unten liegenden Strang stets über den oberesten. Zum Schluß drückt man die Stränge an beiden Zopfenden vorsichtig zusammen und läßt den Zopf nochmals gehen. Dann mit Eigelb (oder Rahm) bestreichen und etwa 45 Minuten bei 200 Grad auf der Mittelschiene des vorgeheizten Backofens abbacken. Für 10 Minuten ein feuerfestes Gerät mit Wasser auf den Boden des Backofens stellen. Den Neujahrszopf sofort mit Puderzukker bestreuen. Man kann auch zwei Zöpfe von unterschiedlicher Größe herstellen und den kleineren Zopf auf den größeren legen. Dieses Zopfgebilde mit Eigelb bepinseln und dann backen.

Bei den vielen Glückwünschen zum neuen Jahr, erklang auch der scherzhafte Ruf: "Vill Jleck em neijen Johr und mier en Neijährche!" Besonders die Kinder bekamen von ihrer Jött oder dem Patenonkel einen Neujahrswecken in der in ihrem Heimatort üblichen Form. Manchmal war noch ein Geschenk auf den Weck gebunden. 'Etwas aufs Neujährche binden', heißt es im Volksmund. Als Geschenktag zwischen Paten und Patenkinder lebt das Neujahrsfest bis zum heutigen Tag in der Eifel fort.

Neujahrskranz

1000 g Mehl,
40 g Hefe,
1/4 - ½ l Milch,
100-150 g Zucker,
100-150 g Butter,
1 Eßl. Schweineschmalz,
etwas Salz,
1-2 Eier,
abger. Zitronenschale,
1 Eigelb,
einige Mandeln

Einen Hefeteig herstellen (wie bei Neujahrswecken), ausgiebig kneten und gut gehen lassen. Den Teig in drei Teile trennen. Jedes Teil mit der Hand ausrollen. Die drei Teile nebeneinanderlegen und von der Mitte zu den Enden hin zu einem einzigen langen, dicken Zopf zusammenflechten. Diesen zu einem Kranz formen und die Enden gut miteinander verbinden. Am besten benutzt man ein rundes Blech und stellt in die Mitte eine gebutterte Dose. Den Kranz nochmals gehen lassen, mit Eigelb bestreichen und mit den geschälten und in Streifen geschnittenen Mandeln bestreuen. Bei 220 Grad etwa 30 bis 45 Minuten backen.

In Bäckereien stellt man den Kranz auch mit vier Strängen her, die die vier Jahreszeiten symbolisieren. Der geschlossene Kranz steht für ein abgeschlossenes Jahr, aber auch für den ewigen Kreislauf im Kosmos, in der Natur und im Menschenleben. Beim Flechten des Kranzes geht es 'drunter, drüber, drunter, drüber, drunter und wieder drüber'.

Neujahrsbrezel

500 g Weizenmehl,
20 g Hefe,
60 g Zucker,
1/4 l Milch,
40 g Butter,
1 Prise Salz,
1 Messerspitze Muskat,
1 Ei,
5 Eßl. saure Sahne,
abger. Zitronenschale,
1 Eigelb,
Hagelzucker

Mit Mehl, Hefe, etwas Zucker und etwas lauwarmer Milch einen Hefeteig ansetzen (s. Neujahrswecken). An einem warmen Ort gehen lassen. Nach dem Aufgehen Butter, eine Prise Salz, eine Messerspitze Muskat und das Ei unterkneten. Den Teig mit der restlichen Milch und der sauren Sahne geschmeidig machen. Zum Schluß abgeriebene Zitronenschale darunter mengen. Den Teig tüchtig kneten und schlagen. Dann nochmals gehen lassen. Den Teig in drei Teile trennen und jeden Teil für sich dünn ausrollen und dann zu einem langen Zopf zusammenflechten. Dieser wird nun in die charakteristische Brezelform gebracht und zum Aufgehen nochmals warm gestellt.

(Man kann die Brezel auch aus einem einzigen Strang oder aus fünf Strängen zusammenlegen.) Das Eigelb auf die Brezeln streichen und mit Hagelzucker bestreuen. Die Brezeln bei 200 Grad etwa 20 bis 30 Minuten goldbraun backen.

Schon der ursprüngliche Name bracchium (Arm, Baumast) für Brezel weist auf antikes Backwerk hin und auf die Form der zwei verschlungenen Arme. Diese Armhaltung ist dem germanischen Totenkult entlehnt und soll die Dämonen abwehren. Eine brezelähnliche Armhaltung mit einer ‘großen muschel- oder rautenförmigen Kontur’ zeigt der sogenannte schwarze Mann (Herkules?) auf einer Felszeichnung ‘aus dem hohen Altertum’ im Müllertal bei Waldbillig in der Luxemburgischen Schweiz. In der Kirche von Waldbillig steht eine Holzfigur des heiligen Quir(t)inus, der die gleiche Armhaltung zeigt.

Außerdem gleicht die Brezel der Zahl 8 und kann sich aus der Beobachtung der Sonnenbahn entwickelt haben. Scherzhaft nennt man die Zahl 88 die Brezeljagd. Steckten die Mädchen ihre Haarzöpfe im Nacken mit einer Haarspange zusammen, so nannte man dieses Gebilde eine Brezelfrisur. Für manche Redensart muß die Brezel herhalten. So sagt man: He kümp (stöhnt) wie en Gees (Ziege), die Bretzele frißt. Oder man rügt jemanden: Du stellst dich an wie der Esel beim Brezelebacke. Und mancher “as ze domm für Bretzele zu esse.”

Puhaas

1.000 g Mehl,
40 g Hefe,
ca. ½ l Milch,
250 g Zucker,
1-2 Eßl. Öl,
1 Ei

Aus den Zutaten einen Hefeteig herstellen (s. Neujahrswecken). Diesen gut kneten und mehrmals gehen lassen. Dann einen 'Puhaas' formen. Dazu einen halben Kranz bilden und diesen an beiden Enden in der Mitte eindrücken.

Der Puhaas ist in Nettersheim zu Neujahr üblich, aber auch anderswo bekannt. Über den Ursprung und den Sinn des Wortes hat sich schon mancher den Kopf zerbrochen. Mit 'Pu' meint man mundartlich den Truthahn und den Pfau. "Pu, Pu, schrei nit su!" reimte Franz Peter Kürten und zieht damit eine Verbindung zwischen 'Pu' und fröhlichem Lärm. 'Pu' kann aber auch Geringschätzung ausdrücken, so daß das Wort 'Puhaas' sagen kann, daß es sich nur um eine Abbildung des Hasen handelt, aber nicht um ein echtes Tier. 'Pu' kann aber auch ein Schreckruf sein, und auch der Waldgeist erschreckt durch ein lautes 'pu'. Im Bitburger Raum nennt man einen Angsthasen einen Pu-Fistert. Der Hase als Gebildbrot ist recht häufig. Das Rheinische Wörterbuch nennt Bu-, Bütsch-, Butter-, Hupp-, Pu-, Reiter- und Zuckerhase.

Wer sein Brot sauer verdient,
dem schmeckt es desto besser.

Fastnacht: Schmalzgebäck

Der Altweibertag hat alte Tradition. Winteraustreibung und Frühlingsfest sowie Fruchtbarkeitsriten und Wetterzauber der 'alten Weiber' sind nach der volkstümlichen Meinung die Ursprünge aus dunkler Vergangenheit. In Deutschland bezieht sich der früheste Beleg für Fastnachtsbrauchtum ausschließlich auf Frauen. 'Frauenfastnacht' oder 'Wievertag' heißt es in alten Schriften. In der Eifel nannte man sogar den ganzen Monat Februar 'Weibermonat'.

Aus den letzten Jahrhunderten weiß man von Nachbarschaftsfeiern, die die Frauen veranstalteten -zunächst am Dienstag, am 'Fastel-Ovend', dem Abend vor der Fastenzeit, später am Donnerstag vor den tollen Tagen, der dann zum Altweiberdonnerstag wurde. Ähnlich wie bei den Kaffeekränzchen zur Tauffeier und zur Hochzeit waren Männer bei den ausgelassenen Frauenfesten ausgeschlossen. Sie durften höchstens zur Finanzierung der 'Exklusivgesellschaften' beitragen. So sammelten Frauen in der Südeifel bei den Männern Holzasche, mit deren Erlös sie ihr karnevalistisches Damenkränzchen ausrichteten. Im Kreis Euskirchen zogen Frauen noch um die Jahrhundertwende 'nach Gaben gierend' von Hof zu Hof. Diese Gaben waren neben Speck vorwiegend Eier, Mehl, Schmalz und Milch, die sich vorzüglich zum Backen von Schmalzgebäcke eignen.

In der Zeit vor 1850 hatten Eifler Frauen derartige Bittgänge nicht nötig, denn nach altem Brauch hatten sie das Recht, im Gemeindewald einen Baum zu fällen, denselben zu verkaufen und von dem Erlös ein gemeinschaftliches Gelage zu halten. Im Blankenheimer Raum durfte der ausgesuchte Baum den Umfang der größten Taillenweite einer anwesenden Frau entsprechen.

Aus der familiären Atmosphäre am Kaffeetisch hinaus in die Öffentlichkeit gingen die Frauen erst in den 80er Jahren des vorigen Jahrhunderts, als das Karnevalstreiben immer mehr von Männern beherrscht wurde. Ihr tradiertes 'Weiberrecht' forderten die Frauen nun am Altweiberdonnerstag bei Umzügen und Feiern.

Natürlich tat man sich an den Karnevalstagen mit 'Schmausen und Trinken' besonders gütlich. Die zusammengetragenen Lebensmittel wurden in Pfannkuchen, Waffeln und Krapfen verwandelt. Die Geschichte des Gebäcks zur Karnevalszeit ist ebenfalls sehr alt. Bereits 150 Jahre vor Christi Geburt wird von krapfenähnlichen Gebäcken berichtet. Dabei handelt es sich um einen in heißem Fett ausgebackenen Brei, den man mit Honig bestrich. Diese 'Craphen' wurden von den Römern bei ihren Frühlingsfeiern in großer Zahl den Göttern geopfert.

Einst hatte das Fastnachtsgebäck wie die Neujahrswecken Gebildformen. Der 'wohlgerundete Krapfen' war Zeichen der Sonne. Andere symbolische Backformen waren Schnecken, Spiralen und Doppelspiralen. Im schwimmenden Fett gegart, entwickeln die Fastnachtsküchlein jedoch ihre eigene Kreation.

Als das Fastenhalten noch sehr streng kontrolliert wurde, durfte kein Ei und nicht das kleinste Bröselchen Fett während der 40-tägigen Fastenzeit in der Küche zu finden sein. So war es zweckmäßig, alle Vorräte noch in 'Fastnachtsküchlein' aufzubrauchen. Damit aß man sich vor der mageren Zeit nochmals richtig rund und satt. Mit Krapfen schafft man aber auch eine kräftige Unterlage für das Karnevalstreiben, das reichlich mit alkoholischen Getränken verbunden war und ist.

Früher nahm man für die Krapfen meist Schmalz als Ausbackfett, heute neigt man eher zu Butterschmalz, Öl oder Kokosfett.

Karnevals-Krapfen

50 g Zucker,
1 P. Vanillezucker,
4 Eier,
1 Prise Salz,
500 g Mehl,
1 P. Backpulver,
Rumaroma,
Rosinen,
evt. Milch,
250 g Butterschmalz,
Puderzucker

Zucker, Vanillezucker, Eier und eine Prise Salz verrühren. Mehl und Backpulver mischen und nach und nach unterrühren. Evt. etwas Milch zugeben. Der Teig muß schwer reißend vom Löffel fallen. Rumaroma nach Geschmack und Rosinen nach Belieben hinzugeben. Das Fett auf 180 Grad erhitzen. (Probe mit einem Holzlöffelstiel, an dem sich Bläschen bilden müssen.) Mit einem Eßlöffel gibt man den Teig portionsweise in das siedende Fett und läßt die Krapfen schwimmend 4 bis 5 Minuten garen. Wenn die Krapfen dunkelgelb sind, diese mit einem Schaumlöffel herausnehmen, auf Küchenkrepp abtropfen lassen und mit Puderzucker bestäuben.

Zahlreich sind die Heischelieder zu Fastnacht, die zuerst von den 'alten Wievern' und später von den Kindern gesungen wurden. Traf man einen Mann im Haus an (schließlich waren die Ehefrauen ja unterwegs), so sangen die Frauen in dem typischen Singsang:

Guten Tag, mein lieber Mann,
Gott sei Dank, datt mör üch han!
Seht hier den Beutel, greift in d'n Sack!
Und gebt uns was hinein!
Hupsa, hupsa, hopp hopp hopp!
Das soll für den Spielmann sein.

Omas Quarkkrapfen

4 Eier,
200 g Zucker,
1 P. Vanillezucker,
250 g Quark (Schichtkäse),
1 Zitrone,
500 g Mehl,
1 P. Backpulver,
50 - 100 g Rosinen,
250 g Ausbackfett,
Puderzucker

Die Eier mit dem Zucker und dem Vanillezucker schaumig rühren. Den trockenen Quark mit dem Saft und der abgeriebenen Schale der Zitrone vermischen und hinzugeben. Nach und nach Mehl und Backpulver unterrühren. Rosinen zum Schluß hinzugeben. Das Ausbackfett auf 180 Grad erhitzen und mit einem Löffel die Krapfen abstechen und im heißen Fett schwimmend etwa 4 Minuten goldgelb bakken. Mit Puderzucker bestreuen und sofort servieren.

Zur Fastnachtszeit kann der Mutterwitz der Eifeler sich voll entfalten. Seine Ausgelassenheit zur fünften Jahreszeit rechtfertigt der Eifler mit dem Spruch: Wä Fastelovend net geckig es, dä es et ganze Jahr geckig. Man soll sich in jungen Jahren austoben, denn "wat net jonk (jung) dollt, dollt alt." Und dann wird gespottet: Je oller, je doller! Wie im Rheinland so ist auch in der Eifel jeder Geck anders. Hier drückt man es mundartlich folgendermaßen aus: Jeder Jäck hätt senge apaate Flapp. Waren die Krapfen gut gelungen - innen zart und außen knusprig -, so leckte man sich genießerisch die Lippen: Et schmäät wie ze Kölle! Oder man zog einen Vergleich zum Kirmesfest: Et schmäät wie op de Kermes! Daß für manchen die närrische Zeit noch die Kirmes übertrifft, sagt folgender Spruch: En Fassenach es mer lever wie drei Kermesse.

Fettkrapfen

1/4 l Wasser,
etwas Salz,
80 g Schmalz,
200 g Weizenmehl,
4 - 6 Eier,
1 Teel. Backpulver,
50 g Rosinen,
Ausbackfett,
Puderzucker

Man bringt Wasser, Salz und Fett zum Kochen. Dann nimmt man den Topf von der Kochstelle, schüttet das gesiebte Mehl auf einmal hinein, rührt es zu einem glatten Kloß und erhitzt diesen unter Rühren noch etwa 1 Minute. Den heißen Kloß gibt man in eine Schüssel und rührt nach und nach vier Eier darunter. Weitere Eierzugabe erübrigt sich, wenn der Teig stark glänzt und derart vom Löffel abreißt, daß lange Spitzen hängenbleiben. Wenn der Teig abgekühlt ist, werden das Backpulver und die gewaschenen, abgetropften Rosinen untergerührt. Mit einem in heißes Fett getauchten Teelöffel sticht man kleine Teigbällchen ab. Sie werden in siedendem Fett schwimmend auf beiden Seiten hellbraun ausgebacken. Dann nimmt man sie mit einem Schaumlöffel heraus, läßt sie gut abtropfen und wälzt sie in Puderzucker. Magenempfindliche geben eine Messerspitze Natron zum Teig.

Das Verkleiden zu Fastnacht soll nach alter Sitte helfen, die Winterdämonen zu vertreiben. Die Gestalt des Erzebärs ist eine alte Vermummung, bei der ein Bursche in Erbsenstroh eingewickelt wird und umher geführt wird. Aus der Bitburger Gegend erzählt man folgende Volkssage dazu: Einst zogen Burschen mit einem 'Erzebär' einen Berg hinab. Plötzlich kam ihnen ein großes Faß nachgerollt. Die Burschen sprangen blitzschnell zur Seite. Der als Bär verkleidete Junge schaffte den Sprung jedoch nicht und wurde von dem Faß überrollt und zerdrückt. Seit diesem Unfall wandelt der Erzebär-Junge in der Nacht um diesen Berg und ruft:

O Fasenacht, o Fasenacht,
wozu hast du mich gebracht!

Hefemutzen

500 g Mehl,
20 g Hefe,
100 g Zucker,
2 Eier,
1/4 l Milch,
Ausbackfett,
Zucker-Zimt

3/4 der Mehlmenge in eine Schüssel sieben. In die Mitte eine Mulde eindrücken. Darin die mit etwas Zucker und lauwarmer Milch aufgelöste Hefe hineingeben. Etwas Mehl überstäuben. An einen warmen Ort stellen und gehen lassen. Zeigt der Vorteig Risse, werden die Eier, Zucker und das restliche Mehl hinzugegeben und mit Hilfe der Milch zu einem Teig verarbeitet. Diesen nochmals an einem warmen Ort gehen lassen. Das Ausbackfett erhitzen. Nun taucht man einen Löffel in das heiße Fett, sticht die Mutzen ab, legt sie vorsichtig in das 'rauchheiße' Fett und bäckt sie schwimmend auf beiden Seiten, bis sie braun sind. Mit dem Schaumlöffel herausnehmen, abtropfen lassen und mit Zucker und Zimt bestreuen.

Einige Volkskundler vertreten die These, daß das Schmalzgebäck ein 'Produkt des Zufalls' sei. Nach ihrer Version ist einer Frau Krapf aus Versehen ein Stück Teig in siedendes Fett gefallen. Es dauerte eine Weile, bis sie einen Schöpflöffel zur Hand hatte, um das Teigstück herauszufischen. Als sie schließlich soweit war, zeigte das Teigstück eine goldbraune Farbe. Frau Krapf probierte es und war von dem Geschmack so begeistert, daß sie mit ihren 'Krapfen' einen Handel aufzog.

Mutzen (flache)

80 g Butter,
50 g Zucker,
2 Eier,
1 Prise Salz,
250 g Mehl,
½ P. Backpulver,
5 Eßl. Milch,
1 Eßl. Arrak,
1 Eßl. Rum,
Ausbackfett,
Puderzucker

Margarine, Zucker, Eier und Salz schaumig rühren. Mehl und Backpulver hinzugeben und mit Milch, Arrak und Rum zu einem Teig verarbeiten, der sich gut ausrollen läßt. Aus dem ausgerollten Teig Vierecke ausradeln. In etwa 180 Grad siedendem Fett schwimmend von beiden Seiten goldbraun ausbacken, etwa 4 bis 5 Minuten. Noch warm mit Puderzucker bestreuen.

Mauzen oder Nau(n)zen heißen die Mutzen mit ihrem richtigen Namen und werden als "Fastnachtskrappel, süßes Gebäck aus dünngewalztem Zuckerteig, in Schmalz gebacken" vorgestellt. In Eupen nennt man die Mutzen 'Vettlömmele'. In Reifferscheid (Schleiden) und in Jülich-Inden übte man Schnellsprechen mit folgendem Spruch: Morge Mester Mattes Möller, mahl mich mir Mehl, mi Motter moss mich moer Mauze mache.

Mutzemändelchen

50 g Butter,
60 g Zucker,
2 Eier,
1 Prise Salz,
250 g Mehl,
½ P. Backpulver,
50 - 100 g gem. Mandeln,
abger. Zitronenschale,
1 Eßl. Rum,
Ausbackfett,
Puderzucker,
Vanillezucker

Butter, Zucker und Eier mit einer Prise Salz sehr schaumig rühren. Mehl und Backpulver mischen und nach und nach unterrühren. Zum Schluß die Mandeln, abgeriebene Zitronenschale und Rum hinzugeben. Mit einem Teelöffel längliche, tropfenförmige Klößchen abstechen und in 180 Grad heißem Fett schwimmend von beiden Seiten abbacken. Abtropfen lassen und mit einer Mischung von Puderzucker und Vanillezucker bestäuben. (Veränderungen: 1/4 Teel. Kardamon, 1 Prise Nelken, 2 Eßl. saure Sahne.)

Den Geschmack der Mutzemandeln kann man schon beim Wort ahnen, wenn man dieses echt-eiflerisch langsam und genußvoll auf der Zunge zergehen läßt: Muuzemändelche! Auf gut deutsch heißen die mandelförmigen Fastnachtsküchlein 'Mauzemandeln'. Dieses Wort klingt allerdings längst nicht so 'geschmackvoll'. In Tütchen verpackt, werden die Mutzemändelchen mancherorts am Rosenmontag von den Prunkwagen in die Menge geworfen.

Prümer Mäuschen

125 g Butter,
100 g Zucker,
1 P. Vanillezucker,
4 Eier,
500 g Mehl,
1 P. Backpulver,
etwas Milch,
etwas Marmelade,
Ausbackfett

Butter, Zucker und Vanillezucker sehr schaumig rühren. Nach und nach die Eier einrühren. Das Mehl mit dem Backpulver mischen, löffelweise zu dem Teig geben und gut verrühren. Etwas Milch einrühren. Der Teig soll so fest sein, daß er sich gut ausrollen läßt. Aus dem ausgerollten Teig mit einem Glas kleine Scheiben ausstechen. Die Mitte einer Scheibe mit etwas Marmelade bestreichen, eine andere Scheibe als Deckelchen darauflegen und die Ränder fest andrücken. Das Fett auf 180 Grad erhitzen und die Mäuschen schwimmend braun backen. Nach dem Abtropfen in Zucker wenden.

Die Prümer Mäuschen ähneln den Berliner Ballen. Bei diesem bekannten Schmalzgebäck spritzt man die Marmelade allerdings in das fertige Gebäck. In Eupen heißen die Berliner auch Pöffele und in Malmedy 'boule de Berlin'. Das Schmalzgebäck zur Fastnacht hat zusätzlich weitere Namen, so zum Beispiel Kreppel und Kräppel, Puffeln oder Püfferchen sowie Bollebäusken oder Ballbäuschen.

Ballbäuschen

4 Eßl. Rosinen,
Rosenwasser,
4 Eier,
75 g Butter,
100 g Zucker,
½ Teel. Salz,
abger. Zitronenschale,
1 P. Vanillezucker,
500 g Mehl,
1 Teel. Backpulver,
etwas Milch,
Ausbackfett,
Puderzucker

Die Rosinen in etwas Rosenwasser legen und gut durchziehen lassen. Eier trennen. Butter, Zucker, Salz und Eigelb schaumig rühren. Abgeriebene Zitronenschale und Vanillezucker hinzugeben. Mehl und Backpulver mischen und in den Teig sieben und gut rühren. Sollte der Teig zu fest sein, etwas Milch hinzufügen. Das Eiweiß steif schlagen und vorsichtig unter den Teig heben. Die Rosinen abtropfen lassen und zum Schluß unterrühren. Fett auf 180 Grad erhitzen, mit zwei Eßlöffeln kleine 'Böllchen' ausstechen und diese schwimmend in dem Fett beidseitig goldbraun abbacken. Mit Puderzukker bestreuen. (Die Ballebäuschen können auch mit einem Hefeteig hergestellt werden.)

Daß die Frauen am Fastelovend genauso so 'verlaade' (beschäftigt) waren wie zur Kirmes, sagt eine Redensart aus der Nordeifel: Esu verlaade wie en Koochepann zu Fastelovend. Es gab sogar eine besondere 'Pann' für die Ballelbäuschen, die Ballebäuschens-Pann. Sie hatte unten mehrere Einbuchtungen.

Apfelkrapfen

60 g Butter,
60 g Zucker,
2 Eier,
1 P. Vanillezucker,
1 Prise Salz,
500 g Mehl,
1 P. Backpulver,
4 große Äpfel,
Ausbackfett,
Zimtzucker

Butter und Zucker mit den Eiern sehr schaumig rühren. Vanillezucker und eine Prise Salz unterrühren. Mehl mit Backpulver mischen und in den Teig sieben. (Sollte der Teig zu fest sein, mit etwas Milch geschmeidig machen.) Die Äpfel schälen und in sehr feine Würfelchen schneiden. Mit dem Holzlöffel in den Teig rühren. Fett auf 180 Grad erhitzen, mit zwei Eßlöffeln Teigbällchen abstechen und in dem heißen Fett von beiden Seiten ausbacken. Noch warm in Zimtzucker wenden. Ein anderes Rezept empfiehlt Apfelscheiben in den Teig zu geben und diese auszubacken. Außerhalb der Eifel gibt man auch Pfirsiche, Bananen und Ananas als Obst in die Krapfen.

Daß die Frauen den Weiberdonnerstag dazu nutzen, einmal ausgiebig über die Männerwelt herzuziehen, ist ebenfalls alte Tradition. Das Gedicht 'Das Meisterstück', das heute auf Damensitzungen gerne rezitiert wird, ist im Unterhaltungsblatt des Kreises Schleiden bereits vor über 100 Jahren veröffentlicht:

Gott schuf die Welt vor alten Zeiten,
zum Schluß vom Mann ein Exemplar,
doch das schien freilich anzudeuten,
daß Gott schon etwas müde war.

Denn als er sein Geschöpf beäugte,
da fehlte dies, da fehlte das,
Und an dem ganzen Manne taugte
nur eine einz'ge Rippe was.

Die ward ihm auch noch fortgenommen
und eine Frau daraus gemacht;
so sind wir später zwar gekommen,
jedoch geschaffen mit Bedacht.

Und zu der Frau'n gerechtem Lobe
erkennt man auf den ersten Blick:
Der Mann war nur ein Stück zur Probe -
Wir aber sind das Meisterstück!

Eine Küche ohne Frau
ist eine Blume ohne Tau.

Ostern: Frühlingsboten

Wer einmal erlebt hat, wie Dr. Jacob Flosdorff (1908-1985) voller Leidenschaft sein Gedicht 'De Klocke fleege noo Rom' vortrug, wird es nie vergessen. Der 'Takendoktor' (wie er sich selber nannte) läßt in dem Mundartgedicht das Kinderland lebendig werden. Am Gründonnerstag steht der Kleine mit seiner Tant' Angenies auf dem Markt in Monschau, um zu beobachten, wie die Glocken nach Rom fliegen. "Jetzt fleege de Klocke no Rom", beteuert die Tante. Doch der Kleine kann nichts entdecken: "Tant Angenies, Tant Angenies,/ wo senn se dann? Ich sen jo nüüs!" Doch die Tante beschwört regelrecht die Glocken und dann geschieht es tatsächlich:

Doo stong ich doo, doo stong ich doo,
On maat de Ooge op on zoo.
Sooh wiss on schwatz on ruet on jääl (gelb).
Doo!... och en Klock am lange Seel (Seil)!

Eine Wahnsinnsvorstellung! Da sprengen zu einem bestimmten Zeitpunkt die Glocken aller Kirchen, Kapellen und Klöster ihre Turmkerker und jagen trotz ihrer erzenen Schwere durch die Luft. Man könnte glauben, das sagenhafte Wodansheer sei zu seiner wilden Jagd aufgebrochen. Es bimmelt, läutet, dröhnt. Eine große Glocke tönt mit tiefer Stimme: Noh Rom! Noh Rom! Eine andere Glocke singt klar und rein: Ich ooch, ich ooch! Ein Glöcklein bimmelt aufgeregt: Ich gon och met, ich gon och met! Ein riesiger Schwarm von 'ungewöhnlichen Flugobjekten' strebt nach Süden. Ziel: Rom, die ewige Stadt, wo eigentlich schon mehr als genug Glocken in altehrwürdigen Kirchtürmen hängen.

Im Dorf bleibt eine ungewohnte Stille zurück. Doch nicht für lange. Denn nun vertreten die Dorfjungen mit Holzklappern,

Rasseln und Flipp-Flapps (Holzbretter mit Stil und beweglichem Hämmerchen) lärmend die Kirchenglocken.

Wer sich als Kind in die himmlische Fantasie der fliegenden Glocken eingefunden hatte, wurde schnell wieder auf den Boden der Tatsachen geholt. Auf die Frage, was die Glocken denn in Rom machen, hieß es recht nüchtern: Weckbrei essen. Daß die Glocken hier menschliche Bedürfnisse zeigen hat Franz Peter Kürten so erklärt: "Glocken sind ja immer als vollwertige Mitbürger angesehen worden, sind getauft, sind Pfarrkinder, haben Stimme und Seele. Also haben sie auch ab und zu eine Stärkung nötig."

Auf der Rückreise waren die Glocken mit Osterwecken für die Pfarrkinder ihrer Kirche beladen. Zur Zeit, als der Osterhase noch keine bunt gefärbten Ostereier in grüne Plastikkörbchen legte, brachten die Glocken auch die Ostereier aus Rom mit in die Heimat, hartgekocht natürlich, denn die Glokken ließen die Eier einfach vom Himmel auf die Erde fallen, und die großen und kleinen Menschenkinder mußten sorgfältig suchen, um dieses himmlische 'Manna' zu finden.

Warum die Glocken aber zur Zeit der Grabesruhe nicht schweigend in ihrem Turm verharren, sondern für ein bißchen Weckbrei die weite Reise nach Süden antreten, läßt sich nicht mit menschlichen Gewohnheiten erklären. Denn immerhin müht der Mensch sich nur um lohnende Dinge. Außerdem hat er noch immer nicht gelernt, seinen wohlgenährten Köper schwebend durch die Lüfte zu bewegen. Ursprung und Sinn der Glockenflucht bleiben unklar (oder bewahren sie doch Erinnerungen an das Wodansheer?).

Bis heute erzählt man den Kindern, daß die Glocken vor Ostern nach Rom fliegen. Dabei müssen diese höllisch aufpassen, daß sie nicht mit den unzähligen Flugzeugen kollidieren, die kreuz und quer über den Erdball düsen. Weckbrei essen die Glocken aber an ihrem Reiseziel nicht mehr, und Eier bringen sie auch nicht mit. Auch die Wecken kommen nicht mehr per Glocken auf den Ostertisch - die backt man am besten selber.

Poschweck

500 g Mehl,
20 g Hefe,
1/4 l Milch,
50 g Zucker,
50 g Butter,
1 Prise Salz,
ca. 350 g Würfelzucker

Mehl in eine Schüssel sieben und die aufgelöste Hefe mit lauwarmer Milch und etwas Zucker in eine Mulde in der Mitte füllen. Mit etwas Mehl bestäuben. Auf den Rand den Zucker, die Butter und eine Prise Salz legen. Den Teig warm stellen und gehen lassen. Wenn der Vorteig aufgegangen ist, die anderen Zutaten gut unterkneten. Eventuell noch etwas Milch verwenden. Den Teig nochmals gut gehen lassen. Den Würfelzucker in Viertel zerkleinern und in den Teig hineindrükken. Den Teig zu einem Brot formen, nochmals gehen lassen und dann bei 200 Grad etwa 50 bis 60 Minuten bakken.

"Jlöcksillige Pooschdaag!" wünschte man sich früher in der Eifel. Ostern geht auf das jüdische Passahfest zurück. Das in der Eifel gebräuchliche Wort 'Poschen' für Ostern kommt von dem kirchenlateinischen Wort pascha. Das Datum des Osterfestes hängt mit dem jüdischen Kalender zusammen. Die Monate begannen jeweils mit dem Tag des Neumondes. Bei Vollmond des ersten Monats nach Frühlingsanfang feierten die Juden ihr Osterfest. Auch das christliche Auferstehungsfest wurde bis zum 2. Jahrhundert an diesem Datum gefeiert, egal auf welchen Wochentag es fiel. Im Jahr 325 n. Chr. wurde das Osterfest dann auf einen Sonntag festgelegt, und zwar auf den Sonntag nach dem ersten Frühlingsvollmond. "Ustere fällt dit Johr fröh (oder spät)", weiß der Volksmund.

Osternestchen (Osterhase)

500 g Weizenmehl,
20 g Hefe,
ca. 1/4 l Milch,
1 Eßl. Zucker,
60 g Fett,
abger. Zitronenschale,
1 Teel. Salz,
1 Ei,
6-8 Ostereier

Aus gesiebtem Mehl, aufgelöster Hefe, Milch, Zucker, Fett, abgeriebener Zitronenschale und Salz wird ein fester Hefeteig (s. Poschweck) geknetet, der gut gehen muß. Den Teig dünn ausrollen. Stränge rollen und daraus je nach Belieben größere oder kleinere Nestchen formen. Man kann ein Osternestchen mit zwei oder mit drei geflochtenen Strängen bilden. Mit Eigelb bestreichen, auf ein gefettetes Backblech geben und etwa 30 Minuten bei 200 Grad backen. In die Mitte ein buntes Osterei stellen und zum Osterfrühstück servieren. Aus dem gleichen Teig kann man einen großen oder mehrere kleine Osterhasen backen.

Ostern ohne bunte Eier ist gänzlich unvorstellbar. Das Ei ist Symbol des Lebens und vor allem des Entstehens des Lebens und daher ein Frühlingsbote. Schon die Germanen opferten der Ostara, der Göttin des Frühlings und der Morgenröte, neben Maiblumen auch Eier. Im 13. Jahrhundert wurden zu Ostern Eier in die Kirchen gebracht und dort gesegnet. Bis zum 16. Jahrhundert war das Osterei als 'Zins-Ei' bekannt, das zu Ostern den Lehnsherren abgegeben werden mußte. Später wurden 'Beichteier' an den Pfarrer abgegeben. Eier schenkten in der Eifel zu Ostern aber auch die Paten ihren Patenkindern, die Dienstherren den Mägden und Knechten, die Schüler ihren Lehrern. Aber auch Schneider und Schuster, Schornsteinfeger und Müllerknecht, der Viehhirt und die Klapperjungen wurden mit Ostereiern bedacht. Eier brachte das Mädchen dem Jungen, der sie zur Kirmes und in der Fastnacht zum Tanz geführt hatte. Dabei spielte die Anzahl der Eier eine Rolle. Zwei bedeuteten eine Schande, drei eine Erkenntlichkeit, 4 Eier waren ein Staat, fünf eine ausgesprochene Werbung und sechs versprachen eine Heirat.

Gefärbt wurden die Ostereier früher -und heute wieder- mit Pflanzenfarben, Zwiebelschalen oder Kaffeesatz. Gekochte Eier legte man auch ins Ameisennest, und die kleinen Wundertierchen sorgten für ein lustiges Punktemuster. Damit die Ostereier farbenprächtig glänzen, reibt man sie mit einer Speckschwarte ein. Der Osterhase versteckt die Eier im Garten, Vorgarten oder am Waldrand. Beim Suchen und später beim Tippen der Eier kommt fröhliche Stimmung auf und vielleicht kennt noch jemand das alte Lied, das zu Ostern in der Eifel mit unterschiedlichen Texten gesungen wurde:

Uustadaag!
Da rouscht de Bach,
da höpt de Hoas,
da danst de Woas,
da söngt de Her,
dat here mer ger!

(Ostertag! Da rauscht der Bach, da hüpft der Hase, da tanzt die Weise (alte Frau), da singt der Herr (Pfarrer), das hören wir gern.)

Osterzopf

500 g Weizenmehl,
1 P. Backpulver,
200 g Zucker,
1 P. Vanillezucker,
etwas Salz,
4 Tropfen Bittermandelaroma,
4 Tropfen Zitronenaroma,
4 Tropfen Rumaroma,
1 Messerspitze Kardamon,
1 Messerspitze Muskat,
2 Eier,
175 g Butter,
250 g trockener Quark,
125 g Korinthen,
125 g Rosinen,
125 g Mandeln,
40 g Zitronat,
Hagelzucker

Mehl und Backpulver mischen und auf ein Backbrett sieben. In die Mitte eine Vertiefung eindrücken. Zucker, Vanillezucker, Salz, Gewürze und die Eier hineingeben und mit einem Teil des Mehls zu einem dicken Brei verarbeiten. Die kalte Butter in Stücke schneiden, den Quark durch ein Sieb streichen und mit den gewaschenen Korinthen und Rosinen, den Mandeln und dem Zitronat zu dem Teig geben. Alles mit Mehl bedecken und zu einem glatten Teig kneten. Für eine Stunde in den Kühlschrank stellen. Den Teig in drei gleichgroße Stücke teilen und zu Rollen formen, die zu einem Zopf geflochten werden. Bei schwacher Mittelhitze etwa 75 Minuten backen. Mit Hagelzucker bestreuen.

Das Wasserschöpfen zu Ostern ist ein alter Brauch, der in der ursprünglichen Form nur noch selten ausgeführt wird. In dem Buch 'Die Eifel 1888-1988', das die Geschichte des Eifelvereins beschreibt, ist folgendes zu lesen: "Am frühen Ostermorgen hatten etliche Quellen noch eine besondere Anziehungskraft. Ihrem Wasser wurden dann magische Wirkungen zugetraut. Die jungen, noch unverheirateten Mädchen und Frauen eiferten, möglichst früh an einer solchen Quelle zu sein, da - so der Glaube - nur Wasser, das in der Stille, möglichst zur mitternächtlichen Stunde oder vor Sonnenaufgang, geschöpft wurde, die begehrten Eigenschaften der Heilkraft und des Schönmachens besaß. Osterwasser war für sie ein fast wundertätiges Wasser, dem ein besonderer Frühlingszauber innewohnte." Das Osterwasser wurde 'mittels irdener Henkelkrüglein' geschöpft und gleich an Ort und Stelle getrunken. Dazu aß man Osterwecken und die ersten Ostereier. Berichten zufolge fand der Brauch des Osterwasserschöpfens an folgenden Wassern statt: Am Leienborn bei Mayen, am Osterabrunnen in Rommersheim (bei Prüm) und am Hertabrunnen in Seiwerath (bei Schönecken). Eigentlich sollte es jedoch fließendes Wasser sein, weil nur darin die große Heilkraft steckt. Bis etwa 1900 war es üblich, das Wasser in der Richtung des Wasserlaufs zu schütten. Das erste und das zweite geschöpfte Wasser wurde ausgeschüttet. Erst das Wasser, das man beim dritten Mal schöpft, besitzt die Kraft, Krankheiten zu heilen.

Osterlämmchen

100 g Butter,
80 g Zucker,
1 P. Vanillezucker,
2 Eier,
125 g Mehl,
50 g Speisestärke,
1 Teel. Backpulver,
50 g gem. Mandeln,
1 Eßl. Mandellikör,
Puderzucker

Die weiche Butter mit Zucker, Vanillezucker und Eier schaumig rühren. Mehl, Speisestärke und Backpulver mischen und unterrühren. Längere Zeit rühren. Zuletzt Mandeln und Mandellikör unter den Teig mischen. Den Teig in eine gut gefettete, mit Mehl ausgestäubte Lammform füllen und im vorgeheizten Backofen bei 180 Grad 60 Minuten backen. Das Lamm in der Form erkalten lassen, herausnehmen und mit Puderzucker bestreuen.

Das Osterlämmchen deutet auf Jesus Christus hin, das Lamm Gottes. Die Osteroktav endet mit 'Wiiße Ustern', dem Weißen Sonntag, an dem die Kinder zur Erstkommunion geführt werden. Bei der häuslichen Feier mit Eltern, Paten und Verwandten steht sicher auch ein Osterlämmchen auf dem Tisch. In manchen Gebieten wurde Ostern ein in Lämmchenform gebackenes Brot in der Kirche gesegnet. Wer gute Augen hat, kann ein Osterlämmchen in der Sonne erkennen: "Am Ostermorgen vor Sonnenaufgang zog man früher auf einen Berg, um von dort aus die drei Freudensprünge der Sonne oder das Osterlämmchen, das in der Sonne sichtbar oder gar tanzen sollte, zu betrachten; dabei sang man Osterlieder."

Geh' nie im Zorn
von deines Hauses Herd,
denn mancher ging,
der nie zurückgekehrt.

Sankt Martin und Sankt Nikolaus: Weckmann

Der 11. November ist ein vielfältiger Brauchtumstag. Da zu diesem Termin die Ernte abgeschlossen ist, endet nun das bäuerliche Wirtschaftsjahr. So war der 11. im Elften allgemeiner Zahltag. Pacht, Steuern und Zinsen waren in bar oder in Naturalabgaben fällig. Der 11. November, der Festtag des heiligen Martinus, war zusätzlich der Herbsttermin, an dem die Dienstboten ihre Stellungen wechseln konnten. Mägde wurden oftmals zu Martini entlassen, da dann die Arbeit auf den Bauernhöfen weniger wurde. Bis zum nächsten 'Ziehtag', dem 2. Februar, waren viele Mädchen arbeitslos. Natürlich wurde der Ernteabschluß auch gefeiert. Man beschenkte sich wieder gegenseitig mit Gebildbroten, woraus schließlich der Martinsweck oder der Weckmann erwuchs.

Der Martinsmann mit Pfeife gehört eigentlich erst zum Nikolaustag. Aber er hat sich inzwischen fest auf den November eingestellt. Die Bäckereien haben bereits Anfang November die Pfeifenmännchen im Angebot und dort bleiben sie auch bis zum Nikolaustag oder bis zu Weihnachten. Der Weckmann, den der Sankt Martin den Kindern schenkt, schmeckt natürlich am allerbesten. Er soll eigentlich aus Mürbeteig hergestellt werden, während der Nikolaus-Pfeifenmann aus einem Hefeteig gebacken wird.

*Mit Fleiß und Kraft
man vieles schafft.*

Martinsweck (-mann)

250 g Weizenmehl,
150 g Butter,
3 Eigelb,
½ abgeriebene Zitronenschale,
1 P. Vanillezucker,
1 Messersp. Zimt,

Zum Verzieren:
Korinthen, Tonpfeifen

Aus dem Mehl, der kalten, in Stücken geschnittenen Butter und den Eigelb einen Mürbeteig herstellen. Die Gewürze hinzugeben. Den Teig eine Zeit lang kalt stellen. Dann dick ausrollen und kleine Weckformen bilden oder Männchenfiguren ausschneiden. Für den Weckmann zwei Korinthen als Augen eindrücken. Die Tonpfeife der Länge nach in das Männchen drücken. Die Martinswecken oder Weckmänner auf ein gefettetes Backblech geben und bei Mittelhitze goldbraun backen.

Der Martinszug kam erst nach dem Ersten Weltkrieg in die Eifel. Vorläufer waren Heischegänge der Kinder und Umzüge der Jugendlichen, die mit dem uralten Brauch des Martinsfeuers gekoppelt waren. Oftmals gab es dabei Auswüchse. So wurden die Umzüge schließlich organisiert, damit Sitte und Ordnung gewährleistet waren. Der Abschluß des Umzuges fand am Martinsfeuer statt, wo die Kinder vom Sankt Martin persönlich einen Weckmann erhielten. Viele Lieder sind zum Martinstag bekannt. Folgenden Text hat Robert Legrand (Die Eifel) aufgeschrieben:

Dorch alle Stroße zeije mer,
Möt Liichter on Sankt-Märtes-Föier!
Mir doon dech huh verihre,
dou wiersch os wohl aanführe.
Sankt Märtes! Sankt Märtes! Sankt Märtes!

(Durch alle Straßen ziehen wir, mit Lichtern und Sankt-Martins-Feuer. Wir tun dich hoch verehren, du wirst uns wohl anführen.)

Rückt Sankt Martin nicht gleich den Weck oder den Weckmann heraus, werden die Kinder konkreter und fordern mit Nachdruck die Gabe:

On senn jetrapp mr dorch dr Dreck,
Dann kreje mr ooch ne Märtesweck!
Sankt Märtes, äwwer ne jode,
dä net ze klee jerode!
Sankt Märtes! Sankt Märtes! Sankt Märtes!

(Und sind wir gezogen durch den Dreck, dann kriegen wir auch einen Martinsweck! Sankt Märtes, aber einen guten, der nicht zu klein geraten!)

Pfeifenmann

1 P. Trockenhefe,
1 Teel. Zucker,
1/8 l Milch,
300 g Mehl,
80 g Zucker,
1 Pr. Salz,
80 g weiche Butter,
2 Eigelb,
1 Messersp. Safran,
Eigelb

zum Verzieren:
Korinthen und Tonpfeifen

Die Hefe mit dem Zucker und der lauwarmen Milch anrühren und für 15 Minuten an einen warmen Ort stellen. Mehl in eine Schüssel sieben. Zucker, Salz, die weiche Butter, die Eigelb und den Safran an den Rand legen. Von der Mitte aus mit der Hefe verrühren und alles gut vermengen und durchkneten. Den Teig gehen lassen. Dann dick ausrollen und Männchenfiguren ausschneiden. Auf ein gefettetes Backblech legen und mit Eigelb bestreichen. Korinthen als Augen und Knöpfe einsetzen. Die Tonpfeife vom Mund aus längs nach unten eindrücken. Die Figuren auf ein gefettetes Backblech geben, nochmals gehen lassen und dann bei 175 Grad etwa 20 Minuten goldbraun backen.

Inzwischen gibt es nicht nur den Nikolausmann sondern auch die Nikolausfrau aus Hefeteig. Daß einst viel mehr Nikolausfiguren zum Brauchtum gehörten, hat Peter Ambros von Neuerburg aufgeschrieben. In einem Bericht 'Wenn St. Nikolaus bäckt' im Eifel-Kalender 1953 heißt es: "Infolge einer eigentümlichen, uralten Sitte brachten die Nikolaustage den Neuerburger Paten besonders große Auslagen. Es stand nämlich ein für allemal fest, daß jedes Kind vom Peeter (Paten) und von der Good (Patin) neben den üblichen Geschenken je 6 große Teigfiguren bekommen mußte! Jedes Kind bekam daher 12 solcher Figuren aus dickem Hefeteig: 2 Männer, 2 Frauen, 2 Hasen, 2 Hühner und je 2 sonderbare Figuren, die wir Dugdebanchen (Totenbein) und Rundsaichen nannten. Das Totenbeinchen glich etwa einem in der Mitte quer geschnittenen X, wie es in ähnlicher Form bei den germanischen Runen vorkommt. Das Rundsaichen waren zwei der heute noch gebräuchlichen Schnecken, in der Mitte verbunden, eine Spiralform, die sich sehr oft als Verzierung auf Geräten der Bronze-und Eisenzeit findet... Der schöne Brauch wurde streng gehalten bis einige Jahre vor dem ersten Weltkrieg... Übrig blieben nur die kleinen Nikolausmännchen, die auch heute noch, mit und ohne Pfeife, Wochen vor dem Fest aus allen Bäckerläden grüßen, traurig grüßen. Sie kommen mir immer so vereinsamt vor, verwaist, der traurige Rest einer fetten, sechsköpfigen Familie! Wenn doch wenigstens Frauchen und Häschen ihnen treugeblieben wären!"

Weihnachten: Knusprige Plätzchen

Heute ist die Vorweihnachtszeit von Hektik zerrissen. Doch zu Hause kann man dem Streß entgegenwirken und vorweihnachtliche Stimmung schaffen. Vorfreude auf das christliche und familiäre Fest kommt am leichtesten durch das Plätzchenbacken auf. Ziehen süße Düfte durch das Haus, so summt man unwillkürlich Weihnachtslieder und träumt von festlichen Stunden. Verantwortlich für die geheimnisvollen Düfte sind die aromatischen Weihnachtsgewürze: Anis, Ingwer, Kardamon, Koriander, Nelken, Vanille und Zimt.

Färbt sich nach einem tristen November- oder Dezembertag der Abendhimmel flammendrot, dann wissen alle Kinder, was das bedeutet. Von allen Seiten erschallt der Ruf: "Et Kreskendche backt!" oder: "Der hellege Mann es am backe!" Einst glaubten die Kinder fest an den backenden 'hellegen Mann' und das geschäftige Christkindchen. Klar war den Kindern aber, daß die himmlischen Wesen die ganze Arbeit nicht alleine schaffen können. Da muß die Mutter dem Christkindchen helfen, und die Kinder müssen der Mutter helfen: Plätzchen ausstechen und das fertige Gebäck verzieren!

In Monschauer Dialekt hat Karl Pyro (1925) das Gedicht 'Chreßkengche eß am backe' geschrieben. Vier der 16 Strophen seien hier wiedergegeben:

Dobusse (da draußen) do worr et att düster,
Et fruer, dat et kraacht vür der Düer,
Op eemol wuer blotruet der Hemmel,
Alß brännte de Wolke! - "Höllep Füür!"

Doch Großmotter dott mich beliehre,
-Ich gloat dumols alles noch blengk-

Et Chreßkengche wör do am backe,
Am backe för adige Kengk:

"De Engelcher stochen et Backes,
Se trädde der Deeg met Gescheck,
On Chreßkengkche beckt Spekulaties,
On Prenten, on Läffkoch on Weck.

On wat et em Hemmel gebacke,
Brängkt Chreßkengche dann op de Eäd,
Et brängkt et de Kenger, die sich schecke
On donnt (tun), wat de Motter ene sätt."

Wenn man die in der Eifel üblichen Weihnachtsplätzchen betrachtet, wird schnell klar, daß es sich hier meist nicht um Eifeler Spezialitäten, sondern um allgemein bekannte Rezepte handelt. Das ist nicht verwunderlich, denn schließlich kommen ja alle Rezepte vom Christkindchen. Einige Besonderheiten haben die Eifeler 'Christkindchen' aber doch eingeschmuggelt: Buttermilch, sauren Rahm und Backpflaumen.

Trotz der vielen Plätzchen, die man zu Weihnachten verzehrt, will man doch nicht auf einen Stollen verzichten. In einfacher Form war dieser auch früher in der Eifel üblich.

*Wer tut, was er kann,
der tut, was er soll.*

Weihnachtsstollen (Hefeteig)

500 g Mehl,
40 g Hefe,
1/8 l Milch,
60 g Zucker,
75 g Butter,
75 g Schmalz,
1 Messersp. Salz,
Rosinen, Zitronat,
gemahlene Mandeln,
Puderzucker

Vorgewärmtes Mehl in eine Schüssel geben und in die Mitte eine Mulde eindrücken. Die Hefe mit lauwarmer Milch und etwas Zucker auflösen und in die Mulde füllen. Mit etwas Mehl bestäuben. Zucker, kleingeschnittene Butter und Schmalz sowie eine Messerspitze Salz am Rand des Mehls geben. Zeigt der Vorteig Risse, alles von der Mitte aus zu einem Hefeteig verarbeiten und ausgiebig kneten. Evt. noch etwas Milch hinzufügen; der Hefeteig muß jedoch ziemlich steif sein, weil er sonst auseinanderläuft. Den Hefeteig an einem warmen Platz aufgehen lassen. Dann die Rosinen, das Zitronat und die gemahlenden Mandeln (Menge nach Geschmack) mischen und hinzufügen. Einen Stollen formen, diesen auf das gefettete Backblech legen und nochmals kurze Zeit gehen lassen. Backofen auf 220 Grad vorheizen; Stollen einschieben und etwa 45 Minuten backen (Garprobe mit einem Holzspießchen machen). Noch 10 Minuten im abgeschalteten Ofen stehen lassen. Nach dem Backen den Stollen mit aufgelöster Butter bestreichen und dick mit Puderzucker bestreuen.

Das Wort 'Stollen' ist am Vorgebirge und in Bonn allgemein für süßes Brot gebräuchlich. Ansonsten ist damit ein länglicher Gebildweck zu Weihnachten gemeint. Der Volksglaube weiß, daß der Stollen in seiner Form nichts anderes als eine Versinnbildlichung des in weiße Windeln gewickelten Christkinds ist.

Quarkstollen (Mürbeteig)

500 g Mehl,
1 P. Backpulver,
175 g Zucker,
1 P. Vanillezucker,
1 Fläschchen Rum-Aroma,
4 Tropfen Zitronen-Aroma,
4 Tr. Bittermandel-Aroma,
1 Messersp. Muskatblüte,
1 Messersp. Kardamon,
2 Eier,
250 g Quark,
100 g Margarine,
50 g Schweineschmalz,
50 g Rindertalg,
250 g Rosinen,
125 g gem. Mandeln,
40 g Zitronat,
50 Butter,
Puderzucker

Das Mehl und das Backpulver mischen und auf die Arbeitsfläche sieben. In die Mitte wird eine Vertiefung eingedrückt. Zucker, Vanillezucker, Gewürze und Eier werden hineingegeben und mit einem Teil des Mehls zu einem dikken Brei verarbeitet. Darauf gibt man den gut abgelaufenen, durch ein Sieb gestrichenen Quark, die in Stücke geschnittene kalte Butter und das feingehackte Schweineschmalz und den Rindertalg, die gereinigten Rosinen, die Mandeln und das kleingeschnittene Zitronat. Man bedeckt die Früchte nun mit dem restlichen Mehl und knetet von der Mitte aus alle Zutaten rasch zu einem glatten Teig. Er wird zu einem Stollen geformt, auf ein gefettetes Backblech gelegt und in den auf 180 Grad vorgeheizten Backofen geschoben. Backzeit etwa 60 Minuten. Zehn Minuten im ausgeschalteten Backofen nachbacken lassen. Nach dem Backen wird der Stollen mit aufgelöster Butter bestrichen und mit Puderzucker bestreut.

Die ersten Weihnachtsstollen sollen in Sachsen gebacken worden sein, in welcher Stadt ist aber unklar. Aus Naumburg im südlichen Sachsen-Anhalt wird schon 1486 ein 'Strozel' beschrieben, "ein schweres Gebildbrot, in dem Butter und Schmalz, Rosinen und Mandeln, Zitronat, Orangeat und Orientgewürze gleich pfundweise stecken." Heute ist der Dresdner Christstollen am bekanntesten. Das Rezept wird geheimgehalten und von dem Stollenbäcker nur auf einen Nachkommen vererbt. Neben der Gewürzmischung ist beim Dresdner Stollen die Fettmischung wichtig: Butter, Schweineschmalz und Rindertalg.

Butterspekulatius

250 g Butter,
250 g Farinzucker,
1 Messerspitze Hirschhornsalz,
1 Ei,
500 g Mehl,
½ Teel. Kardamon,
1 Teel. Zimt,
1 Teel. gem. Nelken

Weiche Butter und Zucker schaumig rühren. Das Hirschhornsalz in etwas Wasser (½ Teel.) auflösen und hinzugeben. Das Ei unterrühren. Mehl mit den Gewürzen mischen und über den Butter-Zucker-Teig streuen. Den Teig sehr schnell kneten, in eine Folie packen und für mindestens zwei Stunden (oder über Nacht) in den Kühlschrank stellen. Dann den Teig zur Rolle formen. Spezielle Spekulatius-Holzformen ausstäuben und den Teig mit dem Handballen in die Formen drücken. Der überstehende Teig wird abgeschnitten und der Spekulatius herausgeschlagen. Bei 180 bis 200 Grad etwa 8 bis 12 Minuten backen. Rausnehmen, auskühlen lassen und für mindestens eine Woche in einer gut verschlossenen Blechdose 'reifen' lassen.

Spekulatius darf auf keinem Weihnachtsteller fehlen. Die Heimat dieses Formgebäcks ist Holland. Im ripuarischen Sprachbereich sagt man Spekulati-e-s. Das Wort 'Spekulatius' kommt aus der lateinischen Apothekersprache (species artificiales = kunstvolle Spezialität). Die Spezialität dieses Weihnachtsgebäcks liegt nicht nur in den Zutaten und in den Gewürzen, sondern in den verschiedenen Figuren dieses 'Zukkerbackwerks'. Für den Spekulatius benutzt man einen speziellen Holzmodel. Ein Formenstecher hat in dieses Holz verschiedene Hohlformen ausgestochen: Tiere, menschliche Figuren, florale Muster, Reben, Früchtekörbchen und weihnachtliche Motive. Die alten Gebäckmodeln sind oftmals sehr kunstvoll gearbeitet und haben heute einen hohen Sammelwert. Im allgemeinen besitzen und benutzen nur die Bäcker diese Spekulatiusmodeln. Man kann den Spekulatius aber auch -wie anderes Weihnachtsgebäck- mit verschiedenen Formen ausstechen. Butter-Spekulatius sollte ausschließlich mit guter Butter hergestellt werden; das nahm man früher sehr genau. Ein Gemisch von Butter und anderem Fett ist bei anderen Spekulatiusarten jedoch erlaubt und üblich.

Rein die Hände, rein der Mund,
rein das Herz zu jeder Stund.

Mandelspekulatius

500 g Mehl,
1 P. Backpulver,
200 bis 250 g Zucker,
1 P. Vanillezucker,
150 g gemahlene Mandeln,
1 Teel. Zimt,
1 Messersp. gem. Nelken,
1 Ei, 1 Prise Salz,
3 Eßl. Sahne (oder Milch),
2 Eßl. Rum,
100 g kalte Butter,
75 g Schmalz,
1 Eigelb,
Mandelblättchen

Aus allen Zutaten rasch einen glatten Mürbeteig kneten und zwei Stunden kühl ruhen lassen. Dann rollt man den Teig ½ cm dick aus und sticht mit Förmchen Tiere oder andere Formen aus (oder Holzmodel benutzen). Den Spekulatius mit Eigelb bestreichen und mit Mandelblättchen belegen. Backofen auf 200 Grad vorheizen, den Spekulatius auf ein eingefettetes (oder mit Backtrennpapier belegtes) Backblech verteilen, in den heißen Backofen schieben und etwa 15 bis 20 Minuten backen. Abkühlen lassen und lagenweise zwischen Pergamentpapier in einer trockenen Blechdose aufbewahren.

Mancher Bäcker hat sein spezielles, oftmals von seinen Vorfahren ererbtes Spekulatius-Rezept. Die Gewürzmischung ist ein Familiengeheimnis und wird nicht verraten. Aber auch die Hausfrau kann ihre persönliche Spekulatius-Spezialität des Hauses kreieren. Verschiedene Gewürze ausprobieren! Manche Hausfrau schwört auf die Zugabe von Kakao (1 Teel.).

Dein Glück
sind viele kleine Dinge.

Spritzgebäck

250 g Butter,
200-250 g Zucker,
3 Eigelb,
1 Pr. Salz,
2 P. Vanillezucker,
Rum-Aroma,
Butter-Vanillearoma,
Zitronenaroma,
300 g Mehl,
100 g Speisestärke,
2 Teel. Backpulver,
100 g gem. Haselnüsse (oder Kokosflocken oder Mandeln),
100 g Sahne (oder Milch),
1 - 2 Teel. Buttermilch,
Schokoladenkuvertüre

Die weiche Butter in eine Rührschüssel geben, den Zucker hinzugeben. Beides zusammen sehr schaumig und geschmeidig rühren. Die Eigelb mit einer Prise Salz verrühren und zu dem Teig geben. Vanillezucker und Aroma dazugeben (entweder von jedem Aroma einige Tropfen nehmen oder nur ein einziges Aroma nach Geschmack wählen). Kräftig unterrühren. Mehl, Speisestärke und Backpulver mischen und nach und nach unter den Teig rühren. Nun die gemahlenen Haselnüsse hinzufügen (nach Geschmack durch Mandeln oder Kokosflocken zu ersetzen). Den Teig mit Sahne geschmeidig machen und zum Schluß 1 bis 2 Teelöffel Buttermilch unterrühren. Den Teig in einen Spritzbeutel (große Sterntülle) füllen und etwa 6 cm lange, s-förmige Streifen auf ein gefettetes (oder mit Backtrennpapier ausgelegtes) Backblech spritzen. Bei 180 Grad etwa 15 Minuten backen. Die Kuvertüre grob hacken, im Wasserbad schmelzen lassen und auf die fertigen, ausgekühlten Plätzchen streichen (oder jeweils eine Hälfte eines Plätzchen in die Kuvertüre tauchen).

'Spritzgebackenes' ist ein äußerst beliebtes Weihnachtsgebäck, das meist in großen Mengen hergestellt wird. Dabei sind die Geschmackszutaten sehr unterschiedlich. Immerhin hat jeder seine spezielle Vorliebe. Als Eifler Spezialität kann die Zugabe der Buttermilch gesehen werden. Früher drehte man die Teigmasse durch den Fleischwolf, in den man einen Spezialvorsatz eingesetzt hatte. Aber auch der Spritzbeutel eignet sich gut. Wie man damit umgeht, ist 1890 folgendermaßen beschrieben: "Die Teigmasse wird teilweise in eine Spritze gefüllt und in der Form eines S auf eine Platte gebracht, wobei man mit der Spritze während des Drucks die dazu erforderliche Wendung macht." Man kann aber auch mit einem Teelöffel kleine Häufchen auf das Backblech setzen und diese mit einer Gabel glatt streichen. In Dosen verstaut, halten die Plätzchen aus Spritzgebäck sich etwa 6 Wochen. Um das Hartwerden der Weihnachtsplätzchen zu vermeiden, legt man eine Apfelscheibe in die Plätzchendose. Das Apfelstück sollte auf ein Stück Folie liegen und muß regelmäßig auf Schimmelbildung überprüft werden.

Nach süßen Äpfeln
muß man hoch steigen,
saure hängen unten.

Makronen (Kokosflocken)

2 Eiweiß,
100 g Zucker,
etwas Zimt,
1 Teel. Mehl,
100 g Kokosflocken

Das Eiweiß so steif schlagen, daß ein Messerschnitt sichtbar bleibt. Nach und nach den Zucker und etwas Zimt unter den Eierschnee heben. Einen Teelöffel voll Mehl unter die Kokosflokken mischen und diese vorsichtig unterheben. Von dem Teig mit 2 Teelöffeln Häufchen auf ein gefettetes Backblech (oder auf Oblaten) setzen und in den auf 150 Grad vorgeheizten Backofen schieben. Etwa 15 bis 20 Minuten backen.

Das Wort Makrone hat die gleiche Wurzel wie Makkaroni (ital.: macherone=Kloß, Pfannkuchen, später Röhrennudeln). Im 17. Jahrhundert kam das Wort über Frankreich nach Deutschland. Kinder haben oftmals Schwierigkeiten beim Aussprechen des Wortes. Der kleinen Jessica war das Wort gut bekannt. Nur was damit gemeint war, das war ihr nur verschwommen bewußt. Als sie an einem heißen Sommerferientag mit ihren Eltern die Eifel durchstreifte, besuchten sie in Nettersheim die teilrestaurierte Tempelanlage der Matronen. Jessica hörte den Gesprächen der Erwachsenen aufmerksam zu, betrachtete die Göttinnen aus alter Zeit und meinte dann bewundernd: "Oh! Sind das schöne Makronen!"

Mandelmakronen

4 Eiweiß,
200 g Puderzucker,
150 g gemahlene Mandeln,
50 g gehackte Mandeln,
2 Tr. Bittermandel-Aroma,
1 Messersp. Zimt

Das Eiweiß sehr steif schlagen. Nach und nach die anderen Zutaten vorsichtig unter den Eierschnee heben. Mit zwei Teelöffeln formt man kleine Makronenhäufchen und setzt sie auf ein mit Backtrennpapier belegtes Backblech. Im vorgeheizten Ofen bei 150 Grad etwa 20 bis 30 Minuten backen (eigentlich werden die Makronen nur getrocknet).

Anstelle der Mandeln werden auch gemahlene Haselnüsse oder gehackte Walnüsse genommen. Nuß- oder Mandelmakronen können mit Rosinen angereichert werden. Das Trierische Kochbuch von 1857 empfiehlt 'Makronen mit Chokolade': "1 Pfund geriebene Mandeln, 125 g feingeriebene Chokolade, 750 g Staubzucker, 4 Eiweiß zu Schnee geschlagen. Aus dem Brei formt man auf Oblaten runde Plätzchen, die man backt." Aber auch Gewürzmakronen sind überliefert. Dazu mischte man Zimt mit Nelken und Muskat.

Besser ein Stück Brot in der Tasche als ein Sträußchen auf dem Hut.

Haferflockenmakronen

200 g Backpflaumen,
250 g Butter,
100 g Zucker,
3 Eier,
320 kernige Haferflocken,
100 g Mandelblättchen,
100 g Rosinen,
1 Teel Backpulver,
½ Teel. Zimt,
Oblaten

Die Backpflaumen entsteinen und vierteln. Butter, Zucker und die Eier cremig rühren. Nach und nach die Haferflocken, die Mandelblättchen, die gewaschenen Rosinen, Backpulver und Zimt untermengen und alles gut verrühren. Makronenhäufchen auf Oblaten setzen und im vorgeheizten Backofen bei 150 Grad nach Größe der Makronen etwa 20 bis 30 Minuten backen.

Inzwischen weiß man, daß der Körper in der dunklen Jahreszeit vermehrt Süßes verlangt. Damit wird u. a. der winterlichen Depression entgegen gewirkt. Wenn alles trist und trübe scheint, kann der Verzehr von Weihnachtsplätzchen richtig 'happy' machen. Daß Süßes gute Laune, 'gode Senn', macht, wußte man aber auch schon früher. Ein Kindervers aus Düren empfiehlt:

Nuna heijo,
back dem Kengkche en Eiche,
dohn em och jet Zückerche dren,
kritt dat Kengk ne gode Senn.

Rahmkringel

500 g Mehl,
375 g Butter,
100 g Zucker,
4 Eigelb,
4 Eßl. sauren Rahm,
2 Messersp. Backpulver,
Eiweiß,
Hagelzucker

Alte, handgeschriebene Backanweisung: "1 Pfund Mehl schüttet man in eine tiefe Schale, streut rund herum in Flöckchen gepflückte Butter und 100 Gramm Zucker. In die Mitte gibt man 4 Eigelb, 4 Eßlöffel sauren Rahm (evt. etwas mehr), 2 Messerspitzen Backhülfe (Backpulver oder Hirschhornsalz), knetet alles zu einem Teig, rollt ihn messerrückendick aus und sticht mit der Form kleine Kränzchen aus. Man dreht die eine Seite der Rahmkringel in Eiweiß, wirft sie in Zucker und backt sie auf gefetteter Form" (18 bis 20 Minuten bei 200 Grad).

Die Rahmkringel, auch Rahmringe genannt, werden in der Südeifel vor Weihnachten in jedem Haus gebacken. Dort besitzt man zum Ausstechen eine besondere Rahmkringelform. Man kann die Kringel aber auch mit einem Bierglas für den äußeren Rand und einem kleinen Schnapsglas für das Innenloch ausstechen. Das kleine Innenplättchen wird dann wieder zum Teig gegeben -wenn die Kinder es nicht schnell in den Mund gesteckt haben. Die Beigabe des sauren Rahms (anderswo Sahne) machen die Rahmkringel zur Eifeler Spezialität.

Buttergebäck

125 g Butter,
125 g Zucker,
250 g Mehl

Butter und Zucker schaumig rühren und dann das Mehl darunter rühren. Die alte Anweisung lautet: "Dann verarbeitet man es auf dem Nudelbrett, rollt es mit dem Wargelholz federkieldick aus, sticht Plätzchen heraus, welche man am anderen Tag in mittlerer Hitze bäckt."

Das alte Rezept verzichtet auf Backpulver und auf jede Gewürzzugabe. Neuere Rezepte empfehlen Backpulver, Vanillezucker, abgeriebene Zitronenschale und Eier. Das Buttergebäck ist besonders gut zum Ausstechen geeignet. Es kann mit einem Zuckerguß bestrichen werden, auf den die Kinder dann Liebesperlen in schönen Mustern streuen.

Anisplätzchen

4 Eier,
250 g Zucker,
200 g Weizenmehl,
50 g Speisestärke,
1 Messersp. Hirschhornsalz,
1 Teel. Anis

Die Eier schaumig schlagen. Eßlöffelweise den Zucker hinzufügen. Mehl, Speisestärke und Hirschhornsalz (kann durch Backpulver ersetzt werden) mischen, sieben und über die Eier-Zuckermasse stäuben. Anis zum Schluß unterrühren. Mit einem Teelöffel Teighäufchen auf das mit Backpapier ausgelegte Backblech setzen. Einige Stunden trocknen lassen. Dann bei mäßiger Hitze leicht überbacken (etwa 12 bis 15 Minuten).

Die Angabe des Anis schwankt in den Rezepten von einem halben Teelöffel bis zu einem gehäuften Eßlöffel. In einem alten Rezept für 'Feine Anisplätzchen' heißt es sogar '2 Eßlöffel ausgesuchter Anissamen'. Auch mit den Eiern wird bei den feinen Anisplätzchen nicht gespart: 12 frische Eier.

Handelt es sich nicht gerade um Anisplätzchen, so genügen einige Samenkörner auf dem Backblech für würzigen Anisduft im ganzen Haus und leichten Anisgeschmack des Gebäcks. In einem alten Kochbuch heißt es über Anis: "Anis gilt vielen Leuten als Baby-Gewürz; sein weichliches Aroma ist allerdings auch Geschmacksache. Für Anis-Laibchen, Zwieback, Anis-Springerle, in Honigteigen und dergleichen ist dieses großmütterliche Gewürz aber keineswegs zu verachten." Hier wird jedoch vergessen, daß das 'großmütterliche Babygewürz' große Heilkraft hat. Anistee hat eine entkrampfende Wirkung bei Blähungen. Stillende Mütter trinken ihn, um mehr Milch zu bekommen. Anis ist schleimlösend bei Husten und hilft bei leichten Magenbeschwerden. Auch im Brauchtum hatte der Anis eine besondere Funktion. Bei Kindtauffesten wurden einst Aniszwieback und Aniskuchen gereicht. Anisgebäck gab es für die Kinder. Man erzählte ihnen, daß der Storch diese Süßigkeit für die Geschwister mitgebracht hätte. Die Braut bot beim Empfang der Hochzeitsgäste ein 'Kümpchen' mit süßem Anis und eingebrocktem Honigkuchen an.

Sei mit den Deinen
allzeit im Reinen!

Schwarzweiß-Gebäck

250 g Mehl,
125 g Butter,
125 g Zucker,
1 Ei,
1 Teel. Rum,
50 g Kakao,
1 Eiweiß

Mehl, Butter, Zucker, Ei und Rum auf dem Brett zu einem glatten Teig arbeiten und diesen halbieren. Die Hälfte des Teigs mit Kakao vermischen und beide Teile 30 Minuten kalt stellen. Dann beide Teile 3 mm dick ausrollen, den gelben Teig mit Eiweiß bestreichen, dunklen Teig darauflegen. Teigrollen von 3 cm Dicke herstellen, kalt stellen und anschließend in 3-4 mm dicke Scheiben schneiden. (Etwas schwieriger ist die Herstellung eines Schachbrettmusters, für das der Teig in dünne Streifen geschnitten wird.) Auf ein leicht gefettetes Backblech legen und im vorgeheizten Backofen bei 175 bis 200 Grad etwa 15 Minuten backen.

In alten Weihnachtsplätzchen-Rezepten fällt auf, daß die Zahl der Eier manchmal sehr hoch ist. 12 bis 18 Eier werden für ein Pfund Mehl empfohlen. Um genug Eier für Weihnachten vorrätig zu haben, wurden Hühnereier bereits im August (vor der Mauser) zurückgelegt und in einer Kalklösung eingelegt oder einzeln in Zeitungspapier eingewickelt. So hielten sich die Eier bis zur Weihnachtsbäckerei.

Mandelschnitten (Großmutters Art)

150 g Mehl,
125 g Puderzucker,
125 g Butter,
100 g geriebene Mandeln,
1 Ei,
½ abger. Zitronenschale,
1 Messersp. Zimt,
50 g Zucker

Das Mehl auf die Arbeitsfläche sieben. Den Zucker, die in kleine Stücke geschnittene Butter, die Mandeln, das Ei, Zitronenschale und Zimt nach und nach zugeben und alles zu einem glatten Teig kneten. In Folie wickeln und etwa 2 Stunden kühlstellen. Den Teig auf einer leicht bemehlten Arbeitsfläche zu einer Rolle formen. Diese in 40 fingerlange und fingerbreite Stücke schneiden. Mit großen Abständen auf ein Backblech legen. Jedes Teigstück mit dem Finger breitdrücken. Im vorgeheizten Herd bei 190 Grad etwa 12 Minuten backen. Noch heiß in Zucker wälzen.

Für Großmutter und Urgroßmutter war es selbstverständlich, daß das Weihnachtsgebäck in der eigenen Küche entstand. Obwohl man heute alle Weihnachtsspezialitäten kaufen kann, ist das Backen von Weihnachtsplätzchen wieder in Mode. Frauen legen Wert darauf, zu Weihnachten der Familie und den Gästen Hausgemachtes anzubieten. Da man beim Selberbacken die Zutaten nach dem eigenen Geschmack wählen kann, schmecken die eigenen Kreationen am allerbesten.

Mandelschnitten (Urgroßmutters Art)

375 g Mehl,
50 g Zucker,
250 g Butter,
1 Ei
Für den Belag:
4 Eiweiß,
250 g Zucker,
250 g gehackte Mandeln

Aus Mehl, Zucker, der kleingeschnittenen, kalten Butter und dem Ei rasch einen Mürbeteig herstellen. In Folie einpacken und 2 Stunden kühl stellen. Den Teig ausrollen, in Rechtecke schneiden (3 cm breit, 6 cm lang) und auf ein mit Backtrennpapier ausgelegtes Backblech legen. Das Eiweiß zu steifem Schnee schlagen. Den Zucker einrieseln lassen und so lange schlagen, bis eine cremige Masse entsteht. Vorsichtig die Mandeln unterheben. Die Masse in einen Spritzbeutel mit großer Tülle füllen und auf die Teigstücke verteilen. Mit einem breiten, nassen Messer sorgfältig verstreichen. Die Mandelschnitten im vorgeheizten Backofen 15 bis 20 Minuten backen.

Mit der Üppigkeit der heutigen Weihnachtsteller können die früheren bunten Teller nicht konkurrieren. Spritzgebäck, Spekulatius und wenige andere Süßigkeiten lagen neben einigen Nüssen auf dem Teller, der noch kein bunter Pappteller war. Ein Suppenteller mußte als Weihnachtsteller fungieren. Ehrensache war es, daß jedes Kind Gebäck von seinem Teller an den Weihnachtsbaum hing. Nach dem Dreikönigstag wurde der Weihnachtsbaum dann geplündert und abgebaut.

Lüftlein

75 g Butter,
250 g Zucker,
4 Eier,
500 g Mehl,
1 P. Backpulver,
ca. 1/8 l. Milch

Die Butter wird schaumig gerührt, Zucker und Eier abwechselnd dazugegeben. Das Mehl wird mit dem Backpulver gemischt und ebenfalls eingerührt. Mit etwas Milch den Teig geschmeidig machen. Er muß jedoch fest bleiben, damit er ausgerollt werden kann. Mit Förmchen sticht man Plätzchen aus und backt sie bei 200 Grad goldbraun.

Die Lüftlein sind in einem alten Rezept als 'Gebäck für Kranke' bezeichnet. Die 'Lüftlein' sind zwar leicht verträglich, für Zuckerkranke sind sie jedoch nicht geeignet. Man kann die Zuckermenge jedoch reduzieren. Heute gibt es Plätzchenrezepte für Diabetiker. Dann wird Butter durch Diätmargarine, Zucker durch Fruchtzucker, Eier durch Wasser und das Weizenmehl durch Vollkornmehl ersetzt.

Hausfreunde

2 Eier,
125 g Zucker,
125 g geriebene Schokolade,
125 g gehackte Mandeln,
125 g Rosinen,
125 g Mehl,
1 Messersp. Backpulver

Für den Guß:
250 g Puderzucker,
2-3 Eßl. Zitronensaft

Die Eier mit dem Zucker schaumig rühren. Schokolade, Mandeln und Rosinen nach und nach zugeben. Zum Schluß das mit einer Messerspitze Backpulver gemischte Mehl unterrühren. Den Teig auf ein gefettetes Backblech streichen und bei 180 Grad etwa 15 bis 20 Minuten abbacken. Noch warm mit einem Guß bestreichen. Dafür den Puderzucker sieben und mit dem Zitronensaft (oder Wasser) verrühren. Die Hausfreunde erkaltet in Quadrate schneiden.

In manchen Notjahren war das Christkindchen arm. Es gab kaum Geschenke und vom Weihnachtsteller war kaum der Boden bedeckt. Auch während der letzten Kriegsjahre war das Christkindchen arm. Wie sollte man das den Kindern klar machen? Eine Mutter begründete die Armut des Christkindes mit dem Satz: "Es ist ja Krieg."Darauf die erstaunte Frage des Töchterchen: "Ist im Himmel denn auch Krieg?"

Hobelspäne

375 g Butter,
6 Eier,
250 g Zucker,
500 g Mehl,
abger. Zitronenschale

Die Butter schaumig rühren. Die Eier und den Zucker nach und nach einrühren. Mehl (evt. Backpulver) und das Abgeriebene einer Zitronenschale dazugeben und alles zu einem guten Teig verrühren. Die Masse so dünn wie möglich auf eine mit Butter bestrichene Platte bei etwa 200 Grad 8 bis 10 Minuten hellgelb backen. Sofort nach dem Backen wird das Gebäck in Streifen, in Hobelspäne, geschnitten.

Mehrere Backwaren tragen den Namen 'Hobelspäne'. So wird auch ein in Fett gegartes Gebäck 'Hobelspäne' genannt. Bei einem Rezept von 1891 ist für die Verarbeitung der 'Hobelspäne' nach der hier genannten Art folgendes angegeben: "Der Kuchen wird ganz heiß in 4 cm breite und 20 cm lange

Steifen geschnitten und schnell wie Hobelspäne um einen dikken Stock gewickelt."

Ganz einfache Hobelspäne kann man von Teigresten herstellen, denn wo gehobelt wird, da fallen Späne, und wo gebakken wird, da gibt es schon mal Überbleibsel.

Zimtsterne

3 Eiweiß,
250 g Zucker,
½ Eßl. Zimt,
250 g geriebene. Mandeln,
abger, Zitronenschale,
250 g Puderzucker,
3 - 4 Eßl. Zitronensaft

Eiweiß steif schlagen. Zucker und Zimt mischen und unter Rühren einrieseln lassen. Dann die Mandeln unterheben. Im Trierischen Kochbuch heißt es weiter: "Man rührt 3/4 Stunden lang stark, daß es eine steife Masse gibt, in welche man das auf einem Reibeisen abgeriebene Gelbe einer Citrone thut. Dann nimmt man etwas gestoßenen Zucker aufs Nudelbrett, wirkt den Teig etwa drei Messerrükken dick aus, sticht davon Sterne aus, legt sie etwas weit auseinander auf ein mit Wachs bestrichenes Blech und backt sie bei gelinder Hitze" (15 bis 30 Minuten je nach Dicke). Aus Puderzucker und Zitronensaft einen festen Guß machen und dick auf die Zimtsterne streichen.

Damit die Kinder vom Christkindchen nicht vergessen wurden, schrieben sie ihre Wünsche auf einen Zettel, den sie auf die Fensterbank legten. Tatsächlich war am nächsten Tag der

Weihnachtsbrief verschwunden. Die Kinder legten ihr Anliegen auch in Gedichtform dem Christkindchen ans Herz:

Christkindchen, back die Plätzchen fein,
nicht zu groß und nicht zu klein,
aber Leckeres tu hinein.
Leg dann alles vor die Tür,
neben der Kirch -da wohnen wir.

Opas Lieblinge

300 g Mehl,
125 g feinen Zucker,
100 g gem. Mandeln,
2 Eigelb, 1 Pr. Salz,
5 Tr. Bittermandel-Aroma,
100 g Marzipanmasse,
200 g Butter,
1 Eiweiß,
100 g Mandelblättchen,
3 Eßl. Puderzucker

Mehl, Zucker, die gemahlenen Mandeln, die mit einer Prise Salz verschlagenen Eigelb in eine Schüssel geben und vermengen. Bittermandel-Aroma dazu geben. Den Marzipan mit einer Reibe grob darüber raspeln. Die kalte Butter in kleine Stücke schneiden. Alles zu einem Knetteig vermengen, den man für mindestens eine Stunde in den Kühlschrank stellt. Den Teig dann ausrollen und Weihnachtsformen ausstechen. Diese mit Eiweiß bestreichen und mit Mandeln bestreuen. Opa's Lieblinge sind nach 12 bis 15 Minuten im 200 Grad heißen Backofen fertig. Sie können noch mit Puderzucker bestreut werden.

Klassische Weihnachtsformen sind Herzchen, Sterne, Tannenbäume und vor allem Mondsicheln. Mondformen sind bereits aus der Antike bekannt. Der griechischen Mondgöttin Artemis wurden Kuchen in Form des Halbmondes geopfert. 'Möndchen' hatten wie Hörnchen und Brezeln 'dämonenvertreibende Kraft'. Griechen, Römer und Germanen versöhnten die Wassergeister damit, daß sie an bestimmten Tagen neben Münzen auch gebildförmiges Gebäck in Quellen und Flüssen warfen.

Honigkuchen

500 g Honig,
250 g Margarine
(oder Schmalz),
250 g Zucker,
10 g Pottasche,
7,5 g Hirschhornsalz,
875 g Mehl,
2 Eßl. Lebkuchengewürz,
Zitronat, Orangeat,
Schokoladenkuvertüre,
halbierte Mandeln

Den Honig erhitzen und mit dem Fett und dem Zucker in einem hohen Topf aufkochen. Pottasche und Hirschhornsalz in etwas Wasser auflösen und in die heiße Masse geben (steigt sehr hoch). Das Mehl mit dem Lebkuchengewürz mischen und unterrühren. Zitronat und Orangeat (Menge nach Geschmack) unterrühren. Den Teig nun dick auf ein gefettetes Backblech streichen und bei 175 Grad etwa 20 bis 30 Minuten backen. In Quadrate schneiden und mit Schokoladenguß bestreichen und mit halbierten Mandeln verzieren.

Der Lebkuchen ist schon über 4.000 Jahre alt, allerdings nicht in der Eifel sondern im fernen Ägypten. Zuerst wurde dazu Honig von wilden Bienen gesammelt, doch bereits 1.000 v. Chr. wurden Bienen von Menschen gezüchtet und der Honig geerntet. Von den alten Ägyptern kam der Lebkuchen zu den Griechen. Um 400 v. Chr. brachte man dort Honigkuchen den Göttern der Unterwelt als Sühneopfer. Bei den Römern wurde der Lebkuchen fast zum täglichen Brot. In Deutschland wurde der Lebkuchen erst nach dem 18. Jahrhundert bekannt. Doch gerade zu dieser Zeit fielen die Bienen einem unerklärlichen Massensterben anheim. Gleichzeitig wurde aber preiswerter Rohrzuckersirup angeboten. Die Lebkuchenbäcker nahmen nun diesen Sirup und hatten ein neues Gebäck: Den braunen Lebkuchen. Viele Städte kreierten nun ihren Spezial-Lebkuchen. Die Eifel entwickelte keinen Eifler Lebkuchen. Am ehesten ist ein Buttermilch-Lebkuchen noch als 'eiflerisch' anzusehen. Dafür wird 1 Liter frische, unbearbeitete Buttermilch mit braunem Zucker verkocht und dann die anderen Zutaten (wie bei Honigkuchen) beigefügt. Die Buttermilch-Zucker-Lösung ließ man 15(!) Stunden lang köcheln.

Lebkuchen sehr gut

500 g Butter,
500 g Zucker,
4 Eier,
1 Teel. Natron,
500 g Mehl,
1 Teel. Zimt,
½ Teel. Nelkenpfeffer,
125 g Rosinen,
100 g Zitronat,
100 g Orangeat

Die Butter mit Zucker und Eiern verrühren. Natron mit etwas lauwarmem Wasser auflösen und dazu geben. Mehl mit Zimt und Nelkenpfeffer mischen und nach und nach zu dem Teig geben. Zum Schluß Rosinen, Zitronat und Orangeat unterheben. Auf ein Backblech streichen und bei 175 Grad etwa 90 Minuten backen (kann auch in eine Königskuchenform gebacken werden).

Die 'Lebküchler' gaben 1875 folgenden Rat für das Aufbewahren von Lebkuchen: "Die Lebkuchen müssen an trokkenen Orten in hölzernen Kisten oder Schränken aufbewahrt werden, worin der Zutritt der äußeren Luft möglichst abgehalten werden kann. In die Behälter, wo man die Lebkuchen aufbewahrt, streut man dann und wann gestoßenen Pfeffer und Ingwer zwischen die Lebkuchen-Pakete und legt in die Behälter hie und da wieder einige Tuchläppchen, auf welche man von Zeit zu Zeit einige Tropfen ätherisches Pfeffermünzöl und ätherisches Lavendelöl schüttet."

Thorner Kathrinchen

250 g Honig,
250 g Zucker,
2 Eier,
1 Teel. Zimt,
½ Teel. Nelken,
abgeriebene Apfelsine,
50 g gemahlene Mandeln,
3 Tr. Bittermandel-Aroma,
500 g Mehl,
1 Teel. Hirschhornsalz,
5 g Pottasche,
Puderzucker

Honig mit Zucker erhitzen. Abkühlen lassen. Die Eier mit den Gewürzen schaumig schlagen und mit der Honigmasse verrühren. Die fein gemahlenen Mandeln und das Bittermandelaroma unterrühren. Mehl mit dem Hirschhornsalz mischen und in die Masse sieben. Zuletzt die in warmem Wasser aufgelöste Pottasche hineinmengen. Den Teig zugedeckt mindestens 12 Stunden, höchstens drei Tage, warm stellen. Dann halbfingerdick ausrollen und Figuren ausstechen. Dafür gewünschte Figuren auf Pappe aufzeichnen, ausschneiden, die Umrisse auf den Teig übertragen und mit einem spitzen Messer ausschneiden. Diese Figuren auf ein gefettetes Backblech legen (etwas Abstand lassen) und je nach Dicke 10 bis 20 Minuten backen. Aus Puderzucker einen Guß herstellen und die Lebkuchenfiguren damit bestreichen.

Folgendes ist über diesen Lebkuchen zu lesen (1875): "Thorner Pfefferkuchen sind aus besserem Teige als die Bremer, erhalten gleichfalls Citronat und Mandeln und auf dieselbe Art Glanz, oder mit Erbsenmehl eine gelbliche Farbe. Diese Art Pfefferkuchen ist vorzüglich berühmt und soll ihre Güte dem langen Liegen des Teiges verdanken." Diese Thorner Kathrinchen waren und sind in der Eifel beliebt. Es können jedoch auch andere als die angegebenen Gewürze zugegeben werden: Kardamon, Ingwer, Muskat und Pfeffer.

Aachener Printen

500 g Sirup (Zuckerrübenkraut),
3 Eßl. Wasser,
5 g Pottasche,
150 g Kandiszucker,
100 g Zucker,
600 g Mehl,
50 g gewürfeltes Orangeat,
3 Teel. Anis,
2 Teel. Koriander,
2 Teel. Zimt,
1 Prise Piment,
1 Prise Nelkenpfeffer,
1 Prise Kardamon,
1 Prise Muskat,
10 g Natron

Sirup mit Wasser erhitzen. Pottasche in etwas Wasser auflösen. Der kleingeschlagene Kandiszucker (oder Printenzucker) und die übrigen Zutaten nach und nach zum Sirup geben. Alles gut vermengen und kneten. Einige Zeit (am besten über Nacht) stehen und einziehen lassen. Dann den Teig ausrollen, Rechtecke oder Figuren ausschneiden und diese auf ein mit Wasser bestrichenes Backblech legen. Bei 220 Grad etwa 15 Minuten backen.

Das Wort 'Printe' ist aus dem Niederländischen belehnt und bedeutet Abdruck, Aufdruck (Printen gehören also vom Wort her zu den 'Print-Medien'). Um 1850 sollen die ersten Printen in Aachen in Modeln 'gedruckt' worden sein. Ihre Urheimat liegt jedoch im benachbarten Belgien, in Dinant, der ersten Backstätte für Gebildbrote. Ein Bronzegießer aus Dinant, der an der Aufstellung des berühmten Kaiser-Karl-Brunnens mitwirkte, soll das leckere Modelgebäck seinen Aachener Handwerkskollegen zum Probieren angeboten haben .Die Aachener haben dann die Printen nachgebacken und durch Hinzugabe bestimmter Gewürze die Aachener Spezialität geschaffen.

Die Sage weiß jedoch, daß die Aachener Printen viel älter sind und schon das Lieblingsgebäck Karls des Großen waren. Seine Köchin gab ihm das Rezept mit ins Grab. Nun versuchten die Aachener jahrhundertelang das Rezept wiederzubekommen. Sie hätten das Rezept wohl nie gefunden, hätte der Teufel nicht mitgeholfen. Er zeigte einem Bäckerbuben die Stelle, an der die Anleitung für echte Aachener Printen versteckt war. Als Dank verlangte der Teufel die Schlüssel zum Dom. Der Bäckerjunge backte aber zunächst einmal die Printen und hielt die duftende Spezialität dem Teufel unter die Nase. Der konnte nicht widerstehen und aß mit einem höllischen Heißhunger die frischen Printen ratzekahl weg. Sein Rumoren im Bauch wurde daraufhin so stark, daß er fluchtartig die Kaiserstadt verließ und nie mehr hierhin zurückkehrte.

Muß es sein,
dann schick' Dich drein!

Schokoladenprinten

250 g Sirup,
1 Tasse Kaffee,
250 g Zucker,
10 g Butter,
2 Eßl. Kakao,
10 g Zimt,
5 g Nelken,
5 g Anis,
1 Prise Muskat,
750 g Mehl,
1 ½ P. Backpulver,
Schokoladenkuvertüre

Sirup auflösen und mit den anderen Zutaten vermischen. Soviel Mehl verwenden bis sich der Teig von der Schüssel löst. Printenformen bilden und auf ein gut gefettetes Blech setzen. Das Rezept aus handschriftlichen Aufzeichnungen schließt mit dem Satz: "Man kann auch eine Glasur über die Printen machen."

Die Idee, die Printen mit Schokolade zu überziehen, hatte ein Aachener Printenfabrikant: "Dies war eine kleine Sensation, denn bis dahin hatte es in ganz Europa noch keine derart aufwendig verzierte Massenware gegeben." Inzwischen gibt es verschiedene Printenarten; neben den einfachen Gewürzprinten und den Schokoladenprinten auch Nußprinten (50 g gehackte Nüsse), Früchteprinten (mit Rosinen, Zitronat, Orangeat) und Printen mit Makronenauflage. Printen nach einem Spezialrezept werden nicht nur in Aachen, sondern auch anderswo hergestellt, zum Beispiel in Monschau.

Alle Wünsche werden klein gegen den – gesund zu sein.

192 · 7

Aachener Dauerkekse

200 g Zucker,
2 Eier,
10 g Hirschhornsalz,
½ Tasse Milch,
1 P. Vanillezucker,
600 g Mehl,
100 g Puderzucker,
2-3 Eßl. Zitronensaft

Die Zubereitung ist folgendermaßen beschrieben: 200 g Zucker und 2 ganze Eier rühre ich 1 Stunde oder mit der Maschine 10 Minuten. Dann löse ich 10 g Hirschhornsalz in ½ Tasse Milch auf und gebe sie mit 1 Päckchen Vanillinzucker und der Rührmasse an 300 g gesiebtes Mehl. Der halbfeste, gut geknetete Teig wird über Nacht kühlgestellt. Anderntags knete ich noch einmal 250-300 g Mehl darunter, welle den Teig dünn aus und steche Plätzchen aus. Sie werden bei Mittelhitze etwa 15 Minuten hellgelb gebacken und dann dünn mit einer Zitronenglasur überzogen. In einer Dose aufbewahrt, halten sich die Kekse sehr lange.

In der Eifeler Mundart ist das Wort Weihnachten unbekannt. Hier sagt man ‘Kristfest’ oder ‘Kristtag’. Auch in Aachen wünscht man sich ‘e glöcksellig Kristfest’. Eine Redensart sagt: “Wer sech am Kristtag net freut wie e Kind, dem es im Johr vill Leid bestemmt.” Im Prümer Raum weiß der Volksglauben, daß Kinder, die in der Kristnacht zwischen 24 und 1 Uhr geboren sind, nachher die Geister und Toten wandern sehen. Das Wetter wurde am Christtag und besonders an den folgenden zwölf Lustertagen und Rauhnächten beobachtet: “Wie sech et Wedder von Kristtag bes Dreikönigen hält, es et dat ganze Johr bestellt.” Bleibt zu Weihnachten der Schnee aus, weiß man: Grüne Weihnachten, weiße Ostern. Umgekehrt heißt es: Kristtag im Schni, Poschen im Kli.

Mandelsplitter

200 g Mandeln,
1 Blockschokolade

Die Mandeln in grobe Streifen schneiden. Die Schokolade in Wasserbad auflösen und die Mandeln darunterstreichen. Die Masse mit Hilfe von zwei Teelöffeln auf ein gefettetes Papier setzen und trocknen lassen.

Ohne den Backofen zu heizen, lassen sich diese Mandelsplitter schnell herstellen. Auf dem Weihnachtsteller machen sie sich gut aus.

Trüffel

125 g Butter,
125 g Puderzucker,
375 g Schokolade,
3-4 Eßl. Rum oder Arrak,
Schokoladenstreusel

Butter und Zucker schaumig rühren, Schokolade in Wasserbad auflösen und zugeben. Rum oder Arrak zum Schluß einrühren. Walnußgroße Kugeln formen und in Schokoladenstreusel rollen.

Neben den Plätzchen und Printen gehören Schokolade oder Pralinen, die -wie dieses Rezept zeigt- auch selbst hergestellt werden können, zu Weihnachten. Als krönender Abschluß schmückt ein Apfel den bunten Teller.

Karamelbonbons

100 g Butter,
750 g Zucker

Die Butter oder Margarine zusammen mit dem Zucker in eine Pfanne geben und bei geringer Hitze so lange mit einem Holzlöffel rühren, bis der Zucker hellbraun und flüssig ist. Dann auf eine Platte schütten und in Bonbons schneiden. Trocknen lassen.

Wurde der Heißhunger nach Süßem bei den Kindern vor Weihnachten zu groß, so durften sie sich Karamel-Bonbons=Karamelle machen. Die reinen Karamellen nach obigem Rezept werden ziemlich hart und eignen sich bestens zum genüßlichen Lutschen. Mit der Zugabe von Mandeln (200 g), Nüssen, Kakao und Sahne kann man weitere Karamel- und Pralinenkreationen schaffen, die nach Belieben mit einem Schokoguß überzogen werden können.

Der hat sein Leben
am besten verbracht,
der viele Menschen
hat froh gemacht.

Weihnachtsgebäck für Feldpostpäckchen

Die Schrecknisse des Zweiten Weltkrieges sind gerade im Jahr 1995, 50 Jahre nach Kriegsende, wiederholt aufgearbeitet worden. Schrecklich war für die Soldaten das Kriegsgeschehen an der Front, schrecklich aber auch die Ungewißheit für die Daheimgebliebenen. Am schlimmsten war es, wenn die Familie das Weihnachtsfest nicht gemeinsam feiern konnte. Dann war die Mutter, die Ehefrau oder die Braut glücklich, wenn sie zumindest ein Feldpostpäckchen mit Weihnachtsplätzchen an die Front schicken konnte. Bei Rezepten für Kriegsplätzchen fällt auf, daß häufig das Wort 'eventuell' angegeben ist. Hatte man diese Zutaten, konnte man sie verwenden; waren sie nicht aufzutreiben, mußte man darauf verzichten. Die Kriegsrezepte haben geschichtlichen Wert. Sie laden aber auch zum Ausprobieren ein, denn die 'Kriegsplätzchen' sind sparsam, kalorienarm und halten sich lange.

Das folgende Rezept 'Kriegskekse' stammt aus handschriftlichen Aufzeichnungen (Südeifel), die anderen Rezepte wurden 1941 und 1942 veröffentlicht.

Wenn Trübsal einkehrt,
nicht verzage,
es kommen wieder bessre Tage.

Kriegskekse

50 g Butter,
4 Eier,
250 g Zucker,
1 kg Mehl,
2 P. Backpulver,
1 Tasse Rahm

Die Butter leicht schlagen, die Eier und den Zucker hinzugeben und glattrühren. Nach und nach mit 2 Pfund Mehl, Backpulver und Rahm verkneten. Auf ein bestrichenes Blech geben und sofort backen.

Roggenmehlknusperchen

300 g Roggenmehl,
100 g Zucker,
30 g Fett,
5 Eßl. Milch,
1 Eßl. Essig,
Salz, Zimt oder geriebene Zitrone,
½ P. Backpulver

Mürbeteig herstellen, Backblech mit Wasser bestreichen und den Teig in Förmchen gestochen darauflegen, mit Milch bestreichen, mit Zucker bestreuen, bei Mittelhitze abbacken.

Grießplätzchen

100 g Zucker,
250 g Grieß,
evt. 1 Ei,
Salz,
evt. 1 P. Vanillezucker,
1 Eßl. Milch,
1 Eßl. Backpulver,
1 Stich Fett

Teig gut verarbeiten, in Häufchen auf gefettetes Blech setzen und abbacken.

Schaumkringel

1 Ei, 100 g Zucker,
Salz, evt. 1 Vanillezucker,
250 g Mehl,
½ P. Backpulver

Mürbeteig herstellen, Kringel formen und abbacken.

Teeplätzchen

20 g Fett,
evt. 1 Ei,
50 g Zucker,
2 Eßl. Milch,
1 Messersp. Backpulver,
evt. Vanillezucker,
200 g Mehl,
Marmelade zum Füllen

Mürbeteig herstellen, runde Förmchen stechen und abbacken, dann mit Marmelade bestreichen und zusammenkleben, eventuell mit Puderzucker bestreuen.

Pflastersteine

250 g Kunsthonig,
100 g Zucker,
50 g Butter (oder Margarine),
1 Ei,
1 Teel. Zimt,
2 Tropfen Bittermandel-Aroma,
5 Tr. Kuchengewürz-Aroma,
1 Eßl. Wasser,
500 g Weizenmehl,
12 g (4 Teel.) Backpulver

Zum Bestreichen:
Etwas entrahmte Frischmilch

Honig, Zucker und Fett werden zerlassen und in eine Schüssel gegeben. Wenn die Masse fast erkaltet ist, rührt man nacheinander das Ei, die Gewürze, das Wasser und 2/3 des mit Backpulver gemischten und gesiebten Mehls hinzu. Den Rest des Mehls schüttet man auf ein Backbrett (Tischplatte), gibt darauf den Teigbrei, bedeckt ihn mit Mehl und verknetet ihn zu einem glatten Teig. Sollte der Teig kleben, gibt man noch etwas Mehl hinzu. Man macht daumendicke Rollen daraus, schneidet sie in gleichmäßige

Zum Bestreuen:
Etwas Hagelzucker

Stücke, formt diese zu gut kirschgroßen Kugeln und drückt sie etwas platt. Sie werden auf der Oberfläche mit Milch bestrichen, in Hagelzucker gedrückt und auf ein gefettetes Backblech gelegt. Backzeit: Etwa 10 Minuten bei starker Hitze (Unter Umständen die Hitze während des Backens schwächer einstellen!), Gebäckgewicht: Etwa 825 g.

Salzstangen

200 g Mehl (auch Roggenmehl),
40 g flüssiges Fett,
15 g Hefe,
5 Eßl. Milch, Salz,
evt. Kümmel oder
2 Eßl. geriebenen Käse

Teig gut verarbeiten, Stängchen formen, mit Kümmel oder geriebenem Käse bestreuen und goldgelb backen.

Wenig – aber von Herzen!

Als ich in die Eifel zog

Erstveröffentlichung in: Die Eifel, Eifelvereinszeitschrift Heft 6/1989

Ich habe meine Mutter selten sprachlos gesehen. Doch als ich ihr sagte, daß ich in die Eifel ziehen wollte, verschlug es ihr echt die Sprache. In weit aufgerissene Augen und in einen erstarrten Mund erzählte ich die Geschichte von der Versetzung meines Freundes; nun wollten wir heiraten und in die Eifel ziehen.

“In die Eifel?” fand meine Mutter schließlich wieder Worte, und es klang, als ob sie sagen wollte: Auf den Mond? “Das ist doch gar nicht so weit”, sagte ich, denn wir wohnten kaum 20 Kilometer nördlich von Aachen, und in Aachen riecht man doch bereits die herbe Eifelluft. Ich erzählte von einem niedlichen Eifeldorf mit putzigen Häusern; von urigen Wäldern und romantischen Tälern, von unberührter Landschaft und unverdorbenen Menschen.

Meine Mutter schien meiner Schwärmerei nicht gefolgt zu sein, denn sie unterbrach mich: “Was hat er denn ausgefressen?”“Wer? Was?” fragte ich konsterniert. “Na! Er! In die Eifel wird man doch nur strafversetzt.” Ich atmete tief durch und erklärte, daß das wohl eines der vielen Ammenmärchen sei, die über die Eifel kursierten. “Was weißt du von der Eifel!” wies meine Mutter mich zurecht. “Ich war schon mal in Monschau und in Schwammenaul”, erinnerte ich mich an Ausflüge.

“Das ist nicht die Eifel”, sagte meine Mutter. “Die Eifel beginnt dort, wo die Steine im Boden wachsen wie bei uns die Zuckerrüben.” Sie erzählte von einer Reise in die Eifel um 1930 und malte ein Bild von Not und Armut, von Schmutz und Elend, von ungepflasterten Straßen und unbefahrbaren

Wegen, von Steinen auf den Feldern und Steinen in den Gärten."

"Das ist doch über 30 Jahre her", machte ich mich zur Anwältin der Angeklagten. "Heute sieht es dort ganz anders aus." "Stein ist Stein, und Stein bleibt Stein", ließ meine Mutter meine Einwände nicht gelten. "Versuche mal, davon zu leben." Arme, steinreiche Eifel! Arme Eifler, die sich an den steinharten Brocken ihres Landes die Zähne ausbeißen!

"Und kalt ist es in der Eifel, im Sibirien Deutschlands!" schüttelte meine Mutter sich. Mit dieser Feststellung traf sie bei mir einen empfindlichen Nerv, denn ich war ein ausgesprochen kalter Typ und fror, wenn alle schwitzten. Selbst in der wärmsten Stube wickelte ich mich in eine dicke Decke und fror trotzdem. "Die Eifel! Genau das Richtige für dich!" mußte ich mir sagen lassen.

Einige Zeit später, es war im November, machte meine Mutter den Vorschlag, ich sollte mit meinem Bruder eine Woche durch die Eifel reisen, damit ich das Sibirien Deutschlands kennenlerne, bevor ich mich ins Unglück stürze.

Es war kalt, als mein Bruder und ich in unserem klapprigen Käfer losfuhren. Aber in der Eifel war es noch viel kälter. In unserer ersten Absteige -bestes, einziges Haus am Platze- schmückten Eisblumen die Schlafzimmerfenster. Mit zwei Fingern wusch ich mich, denn das Wasser in der porzellanen Waschschüssel war eiskalt und am nächsten Morgen mit einer Eisschicht überzogen.

Als ich ins Bett kroch, erlebte ich die Spezialität des Hauses als wohltuende Überraschung: Zwei heiße Tonkrüge, in denen einstens ein scharfer Klarer kühl gehalten worden war, hatten die Schlafstätte vorgewärmt. Ich fror trotzdem. So zog ich mir alles an, was man im Bett anziehen kann, holte mir alles Zudeck vom zweiten Bett und fror weiter. Erst als aus der Gaststätte froher Gesang nach oben klang, wurde es mir etwas wärmer.

Wir hatten geplant, kreuz und quer durch die Eifel nach Trier zu fahren. Doch so weit sind wir nicht gekommen. Überall trafen wir auf verschneite, verwehte, vereiste, vermatschte Straßen! Das machte unser Käfer nicht mit -und wir auch nicht. Wir waren bald wieder zu Hause. Ich hatte mir eine Erkältung zugezogen, die sich in eine handfeste, fieberhafte Grippe ausweitete. "Na ja", sagte meine Mutter und pflegte mich fürsorglich.

Unsere Hochzeitsreise machten wir in den Harz, zum Wintersport. Doch der Schnee fiel nur spärlich. Als wir dann Ende Januar unser Eifel-Domizil bezogen, begann es zu schneien und hörte nicht mehr auf. Ich fühlte mich wie in einen Kühlschrank eingesperrt, ohne Möglichkeit, die Tür von innen aufzustoßen. Wie ein Leichentuch schien der Schnee alles Leben zuzudecken; jeder Lebensfunke war auf Eis gelegt. Nach vier Wochen Schnee-Gefängnis sagte ich: "Hier bleibe ich nicht. Im Frühjahr ziehen wir weg." Das habe ich noch in manchem harten Winter gesagt, doch im Frühjahr habe ich es mir dann stets anders überlegt.

Als es langsam grünte, und zaghaft erste Knospen sichtbar wurden, entfaltete die Eifel ihre ganze Schönheit. Bei einem Besuch in der alten Heimat, noch immer 'Zu-Hause' genannt, schwärmte ich allen Verwandten und Bekannten vor, wie herrlich die Eifel sei: Einmalig vielseitig in der Landschaftsform, reich an Flora und Fauna, paradiesischer Zustand in verwunschenen Wäldern und in märchenhaften Tälern, Kosmoserfahrung auf kleinstem Raum. Meine Laudatio schloß ich stets mit den Worten: "Es gibt keinen schöneren Landstrich als die Eifel!"

Das hätte ich besser nicht gesagt. Denn nun strömte Besuch von allen Seiten: Ehemalige Kolleginnen stellten mir ihre neuen Freunde vor, Freundinnen kamen mit Männern und Kindern; Cousinen kamen zur Erholung, Vettern zum Abenteuerurlaub, Tanten zur Begutachtung und flüchtige Bekannte auf einen Nur-mal-so-Sprung.

Im späten Frühjahr erschienen auch meine Eltern. Meine Mutter musterte zuerst unseren kleinen Garten hinter dem Haus. "Steine!" sagte sie nur und schloß an: "Wir haben euch richtiges Gemüse mitgebracht." Aber sie konnte dann nicht verleugnen, daß mir die Eifel gut tat. Ich hatte rote Backen bekommen und -was ihr wie ein Wunder erschien- ich fror nicht mehr andauernd. Der eisige Winter hatte meine frostige Natur aufgetaut.

"Ich fühle mich wohl hier", zog ich Resümee. "Im Moment nervt mich nur der andauernde Besuch. Im Winter ließ sich hier keine Menschenseele sehen, aber jetzt haben alle urlaubshungrigen Bekannten die gleiche Idee: Fahren wir doch mal zu denjenigen, 'die für uns in die Eifel gezogen sind'. "Siehst du", trumpfte meine Mutter mit einer umwerfend unlogischen Logik auf, "ich habe dir doch immer gesagt, du sollst nicht in die Eifel ziehen!"

Blick vorwärts, nie zurück,
frischer Mut ist Lebensglück.

Quellenangaben

Brot: Die tägliche Segenskraft

Richard Hommerding: Eifeler Volksglaube, in: Eifelvereinsblatt, Januar 1932, Seite 4

Josef Lion: Das Brot im Eifeler Volksglauben, in: Eifel Kalender 1937, Seite 101

Heinrich Eduard Jacob: 6000 Jahre Brot, Hamburg 1954

Fred Binder: Die Brotnahrung, Deutsches Brotmuseum e.V. Ulm/Donau, 1982

Franz Nießen: Der Dinge bestes: Brot, Kevelaer 1983

Elisabeth Schiffkorn: Brot und Brauchtum, Linz 1190

Maria-Agnes Pinn: Brot-Backen im Scholzen-Haus, in: Der Prümer Landbote 1/94

Johannes Nosbüsch: Noch vor vierzig Jahren: Brotbacken in Selbstversorgung, in: Der Prümer Landbote 2/95

Brotbacken im Backes

Naumann: Das Kreuzbrot ist das letzte, in: Die Eifel 8/1961

Hans Mülhaus: Das Darscheider Backfest, in: Die Eifel 6/1981

Franz Nießen: Schwarzbrotgrenze und Umweltschutz, in: Die Eifel 5/1982

Joachim Schröder: Besuch in einem (neuen) Backes, in: Zwischen Venn und Schneifel, März 1991

Fridolin Hörter: Backofensteine aus der Eifel, in: Eifel Jahrbuch 1993

Kaffeekränzchen und Kindtaufsfeier

P. Sch.: Sitten und Gebräuche in der Eifel, in: Die Eifel und ihre Nachbargebiete, 11. März 1916

J. Mayer, Lutzerath: Kindtaufsfeier in der Eifel, in: Eifelvereinsblatt. Dezember 1910

Karl Stollenwerk: Sitten und Gebräuche des Montjoier Landes, in: Eifelvereinsblatt 1916

S. Z.: Eifeler Taufbräuche, in: Zwischen Eifel und Ville, November 1954

Toni Redagne: Kindtauf' in der Eifel, in: Eifelkalender 1926, Seite 95

Wolfgang Schivelbusch: Das Paradies, der Geschmack und die Vernunft, Frankfurt 1990

Sophie Lange: Küche, Kinder Kirche... Aus dem Leben der Frauen in der Eifel, Aachen 1992

Aussteuer: Was bringt das Julchen mit?

Liederheft: Lass m'r doch noch jet senge, Köln, o.O., o. J.

Nikola Reinartz: Die 'Krummel' von Nechtersheym, ein Eifeler Rittergeschlecht, in: Annalen des Historischen Vereins für den Niederrhein, 139. Heft, 1941

Hans Gierden: Bäuerlicher Hausrat in der Eifel, in: Eifel-Kalender 1955

Ferdy Hake: Gürzenich und seine Geschichte, Heimatbund Gürzenich 1987, Seite 87-88

Constanze Kleis: Aussteiger Aussteuer, in: Kölnische Rundschau, 29. 4. 1990

Elly Hoffmann-Faber: Lebensschicksale von Mädchen und Frauen in der Altgemeinde Reuland von der Jahrhundertwende bis in die fünfziger Jahre, 1995

Private Liedersammlung

Weitere benutzte Literatur (Auszug)

Alle in 'Alt-Eifler Küche Band I: Kochen' genannte Literatur, zusätzlich:

Dr. Karl Simrock: Rheinsagen aus dem Munde des Volkes und deutscher Dichter, Bonn 1837

J. H. Schmitz: Sitten und Bräuche, Lieder, Sprüchwörter und Räthsel des Eifler Volkes, Trier 1856

F. H. Stegmann: Der Pfefferkuchenbäcker und Lebküchler, Weimar 1875

Hermann Rehm: Das Hochland der Eifel, Trier 1889

Luise Holle: Praktisches Kochbuch, o. O., 1891 (32. Auflage)

Trierischer Bauernkalender, Trier 1916

Alex Zenner: O Eifelland, so oft verkannt, Heimatschriften des Kath. Lehrerverbandes Bez. Trier, Heft 7/8, Trier 1925

Rheinisches Wörterbuch, Bonn 1928 bis 1972

Eifelgut, Heft 3, Schleiden 1930

Robert Legrand: Die Eifel. Plaudereien über ihre Arbeit und ihr Brauchtum, Wittlich 1941

Schmidt Philipp: Volkskundliche Plaudereien, Bonn 1941

Franz Peter Kürten: Volksleben und Lande am Rhein, Band 1 -12, Köln 1951 und 1974

Erna Horn: Backe, backe Kuchen, Kempten/Allgäu 1952

Willy Leson: So lebten sie in der Eifel, Köln 1979

Dieter Pesch: Volkskunst am Niederrhein, Köln 1980

Rolf Dettmann/Mathias Weber: Eifeler Bräuche, Köln 1981

Arbeitskreis Eifeler Museen: Dünnbeinig mit krummem Horn, Meckenheim 1986

Gisela Allkemper: Das Kochbuch aus Aachen, Münster 1988

Eifelverein: 1888-1988 Die Eifel, Düren 1988

Angelika Ruge-Schatz, Hildegund Schloßmacher: Das Kochbuch aus Bonn, Münster 1988

Wolfgang Poeplau: Stille hinter dem Wind. Keltische Segenssprüche, Wuppertal 1989

Backen -köstlich wie noch nie, München 1990
Hauptschule Daun: Wie kochten unsere Großmütter?, Daun 1992
Marianne & Michael: Die besten Weihnachtsbäckereien, München 1993
Das große Buch vom Backen, Rastatt 1993
Richtig backen - leichtgemacht, München 1993
Marita Eissing, Ina von Eicken: Echt lecker, Bonn 1994
Susanne Fuß: Alte Rezepte neu entdeckt (Manuskript), Kommern 1994
Sabine Fricke, Jean Pütz: Nüsse: Gesunde Tausendsassa und Ge'nüß'liche Weihnachtsbäckerei, Hobbytip der Hobbythek, Nr. 233, 1994
Berthold Heizmann: Die rheinische Mahlzeit, Köln 1994
Wolf-Dietmar und Ursula Unterweger: Aus Großmutters Schatztruhe 1994
Rheinische Landfrauenvereinigung, Bezirksvereine Euskirchen, Schleiden-Kall: Eifeler Brauchtumsgebäck im Jahreslauf, o. O. 1994
Kaller Kochbuch, Kall 1994
Frauenmuseum Wiesbaden: Sprache der Göttin, Wiesbaden 1994
Ulla Jacobs, Heidrun Schaaf: Die besten Rezepte aus dem Rheinland, München 1995
Dr. Oetker Küchenbibliothek: Kleingebäck, Bielefeld 1995
Dr. Oetker: Backen macht Freude (ältere und neuere Ausgaben), Bielefeld o. J.
Schule Eschweiler-Dürwiß: Alte Rezepte, o. J.
Hermann-Josef-Kolleg Steinfeld: Alt Eifler Küche, Steinfeld o. J.
Vereinszeitschrift 'Die Eifel' und Jahrbücher des Eifelvereins
Das Monschauer Land Jahrbücher
Kreis Euskirchen Jahrbücher, Heimatkalender Kreis Schleiden
Der Prümer Landbote, Zeitschrift des Geschichtsvereins 'Prümer Land'
Zwischen Venn und Schneifel, Monatsblätter des Geschichts-und Museumsvereins
Zeitungen, Zeitschriften und private Aufzeichnungen

Ich bedanke mich bei allen, die mir mit Rezepten, Büchern und Ratschlägen geholfen haben.

Alphabetisches Register der Rezepte

Regionalliteratur im Helios-Verlag

(Auswahl)

Kaufmann: Aus Geschichte und Kultur der Eifel, DM 23,—

Kremer: Das lachende Eifeldorf - Schnurren und Schwänke, DM 24,—

Pracht: täntze, todt und teuffel - Die grausame Spur der Hexenverfolgung in der Eifel, DM 44,50

Lange: Küche, Kinder, Kirche - Aus dem Leben der Frauen in der Eifel, DM 39,80

Lange: Alt-Eifeler Küche Band I Kochen, DM 39,80

Lange: Alt-Eifeler Küche Band II Backen, DM 39,80

Lange: Als feines Fräulein hinterm Pflug - Das ungewöhnliche Leben der Else Pfefferkorn in der Eifel, DM 29,80

Lange: Steht die Sonne auf Stippen ... - Eifeler Bauernregeln und volkskundlicher Wetterglauben, DM 39,80

Lange: Die Jahreszeiten - Eine literarische Reise durch die Eifel, DM 19,80

Schröder: Brauchtumslandschaft Eifel Band I - Bräuche und Feste im Jahreskreis, DM 39,80

Schröder: Brauchtumslandschaft Eifel Band II - Feiern, Feste und Bräuche in Haus und Familie, DM 39,80

Schröder: Brauchtumslandschaft Eifel Band III - Volksfrömmigkeit früher und heute, DM 39,80

Wagner: Geister, Grafen und Ganoven - Sagen, Legenden aus dem Moselland, DM 32,—

Wagner: Da lacht die Eifel - Schnurren, Schwänke, Schmunzelgeschichten, DM 24,80

Wagner: Sonne, Mond und Sterne - Die schönsten Märchen der Eifel, DM 39,80

Mertes: Mühlen in der Eifel - Geschichte, Technik, Untergang, Band I, DM 68,—

Ferber: Vulkaneifelheimat - Bilder aus dem Kreis Daun von 1900-1950, DM 48,—

Ferber: Näh, Näh Härr Landroath - Heiteres aus dem Eifeler Landratsamt, DM 32,50

Hay: Spaß beim Ernst - Heitere Eifeler Anekdoten, DM 24,80

Schäfer: Humor in der Nordeifel - Bemerkenswerte Begebenheiten, DM 24,80

Konrads: Vergessenes Land - Wiederentdeckte Eifel-Fotos von Joseph Jeiter, DM 48,—

Klein: Sagen und Legenden von der Ahr bis zur Mosel, DM 39,80

Elenz: Schienen, Dampf und Kohlenstaub - Zur Geschichte des Eisenbahnbaus in der Eifel, DM 58,—

Bürger: Henker, Schinder und Ganoven - Unbekannte Kriminalfälle aus der Eifel des 18. Jahrhunderts, DM 39,80

Hansen: Auf den Spuren des Westwalls - Entdeckungen entlang einer fast vergessenen Wehranlage, DM 58,—

Pitzen: Der Fluch der bösen Tat - Aus der Kriminalgeschichte der Eifel, DM 39,80

Thoma: Hart und herzlich - Dorfgeschichten aus der Eifel, DM 26,80

Mayer: Verführt, gezwungen und verloren - Der Klöppelkrieg von 1798 in der Eifel, DM 39,80

Dichter: Tausend Jahre überlebt! Erinnerungen aus einer Kindheit und Jugendzeit in der Eifel, DM 39,80

Pracht: Abschied von der Heimat - Die Eifeler Auswanderung nach Amerika im 19. Jahrhundert, DM 48,—

Schiffer: Hart und kalt sind ihre Felder - Geschichte und Volkskunde in der Nordeifel, DM 39,80

Huppertz/Kell: Rur - Impressionen eines Wegbegleiters, DM 39,80

Schmitz: Damals in der Eifel - Wiederentdeckte Eifelfotos von Fredy Lange, DM 48,—

Otto/Ose: Musikwelt Eifel - 450 Jahre Musik- und Kulturgeschichte rund um die Eifel - Buch und CD, DM 38,50

Bauer: Trierische Schimpfwörter, DM 18,50

Keiffenheim: Edelhure Nitribitt - Die Rosemarie aus Mendig, DM 28,—

Kreutzer: Schröders Verdacht - Ein Thriller zwischen Rheinland und Sizilien, DM 18,50

Lerho: Aachen in alten Zeiten - Personen, Orte, Gebäude & „Ammerölschere“, DM 39,80

Lerho: Alt-Aachener Wohnbauten - Ihre Geschichte, Einrichtungen und Bewohner, DM 39,80

Mann: Unser Aachen heute - Aachens Architektur im Stilwandel des 20. Jahrhunderts, DM 29,80

Niesen: Prinz Joachim und die Schweine - Geschichten und Andekdoten aus dern Eifel (1898-1998), DM 39,60

Palm: Do böste platt - (Platt)Geschichten aus dem Monschauer Land, DM 19,80

Schulze: Hunsrücker Schimpfwörter - Neck-, Spott- und Spitznamen, DM 22,—

Helios Verlags- und Buchvertriebsgesellschaft
Postfach 39 01 12, 52039 Aachen

Telefon: (02 41) 55 54 26 - Fax: (02 41) 55 84 93

Sophie Lange

Alt-Eifler Küche
Band I, Kochen

Spezialitäten, Taditionen, Frauenwirken

240 S., festgebunden, Leinen, DM 39,80

Der Autorin ist es mit diesem neuen Kochbuch in unvergleichlicher Weise gelungen, Alt-Eifeler Rezepte zu erfassen und den Leser zum Nachahmen zu begeistern. Das Kochbuch ist nicht nur wunderschön gestaltet, durchgängig vierfarbig, sondern auch als Handbuch ein unbedingtes Muß für jeden, der preisbewußt und abwechslungsreich in Alt-Eifeler Art kochen möchte. Ergänzt wird das Kochbuch durch interessante Ausführungen über Tischsitten, Tischgebete, Menuefolgen, Wasserversorgung etc. Die Autorin hat mit diesem Kochbuch einen kulinarischen Meilenstein gesetzt, an dem sich andere Kochbücher in Zukunft messen lassen müssen.

Helios Verlags- und Buchvertriebsgesellschaft
Fringsgraben 66, 52068 Aachen
Tel.: 0241-555426, Fax: 0241-558493